학습 진도표

본책은 오늘, 워크북은 내일! 부담되지 않은 분량을 정해서 꾸준히 공부하세요.

		학습 분량	학습일			학습 분량	학습일
Unit 1	1일차	☐ Main book	월 일	Unit 11	21일차	☐ Main book	월 일
	2일차	☐ Workbook	월 일		22일차	☐ Workbook	월 일
Unit 2	3일차	☐ Main book	월 일	Unit 12	23일차	☐ Main book	월 일
	4일차	☐ Workbook	월 일		24일차	☐ Workbook	월 일
Unit 3	5일차	☐ Main book	월 일	Unit 13	25일차	☐ Main book	월 일
	6일차	☐ Workbook	월 일		26일차	☐ Workbook	월 일
Unit 4	7일차	☐ Main book	월 일	Unit 14	27일차	☐ Main book	월 일
	8일차	☐ Workbook	월 일		28일차	☐ Workbook	월 일
Unit 5	9일차	☐ Main book	월 일	Unit 15	29일차	☐ Main book	월 일
	10일차	☐ Workbook	월 일		30일차	☐ Workbook	월 일
Unit 6	11일차	☐ Main book	월 일	Unit 16	31일차	☐ Main book	월 일
	12일차	☐ Workbook	월 일		32일차	☐ Workbook	월 일
Unit 7	13일차	☐ Main book	월 일	Unit 17	33일차	☐ Main book	월 일
	14일차	☐ Workbook	월 일		34일차	☐ Workbook	월 일
Unit 8	15일차	☐ Main book	월 일	Unit 18	35일차	☐ Main book	월 일
	16일차	☐ Workbook	월 일		36일차	☐ Workbook	월 일
Unit 9	17일차	☐ Main book	월 일	Unit 19	37일차	☐ Main book	월 일
	18일차	☐ Workbook	월 일		38일차	☐ Workbook	월 일
Unit 10	19일차	☐ Main book	월 일	Unit 20	39일차	☐ Main book	월 일
	20일차	☐ Workbook	월 일		40일차	☐ Workbook	월 일

끊어 읽기로 빠르고 정확한 독해 완성하기

기적의 직독직해

80 words A

E2K 지음

길벗스쿨

기적의 직독직해: 80 words A
Miracle Series – Quick Reading and Understanding

초판 발행 · 2024년 12월 12일
초판 2쇄 발행 · 2025년 4월 3일

지은이 · E2K
발행인 · 이종원
발행처 · 길벗스쿨
출판사 등록일 · 2006년 7월 1일 | **주소** · 서울시 마포구 월드컵로 10길 56(서교동)
대표 전화 · 02)332-0931 | **팩스** · 02)322-3895
홈페이지 · www.gilbutschool.co.kr | **이메일** · gilbut@gilbut.co.kr

기획 및 책임 편집 · 이경희, 김소이(soykim@gilbut.co.kr) | **디자인** · 강은경, 신세진 | **제작** · 손일순
영업마케팅 · 문세연, 박선경, 구혜지, 박다슬 | **웹마케팅** · 박달님, 이재윤, 이지수, 나혜연 | **영업관리** · 정경화
독자지원 · 윤정아

전산편집 · 연디자인 | **표지 삽화** · 오킹 | **본문 삽화** · 류은형 | **감수** · Ryan P. Lagace
인쇄 · 대원문화사 | **제본** · 경문제책 | **녹음** · 와이알미디어

* 잘못 만든 책은 구입한 서점에서 바꿔 드립니다.
* 이 책은 저작권법에 따라 보호받는 저작물이므로 무단전재와 무단복제를 금합니다.
  이 책의 전부 또는 일부를 이용하려면 반드시 사전에 저작권자와 길벗스쿨의 서면 동의를 받아야 합니다.

©E2K, 2024
ISBN 979-11-6406-848-7 64740 (길벗 도서번호 30624)
        979-11-6406-874-6 64740 (세트)

정가 16,000원

독자의 1초까지 아껴주는 길벗출판사

(주)도서출판 길벗 | IT교육서, IT단행본, 경제경영, 교양, 성인어학, 자녀교육, 취미실용
www.gilbut.co.kr

길벗스쿨 | 국어학습, 수학학습, 어린이교양, 주니어 어학학습, 학습단행본
www.gilbutschool.co.kr

길벗스쿨 공식 카페 〈기적의 공부방〉 · cafe.naver.com/gilbutschool
인스타그램 / 카카오플러스친구 · @gilbutschool

제 품 명 : 기적의 직독직해 80 words A
제조사명 : 길벗스쿨
제조국명 : 대한민국
전화번호 : 02-332-0931
주   소 : 서울시 마포구 월드컵로
         10길 56 (서교동)
제조년월 : 판권에 별도 표기
사용연령 : 10세 이상
KC마크는 이 제품이 공통안전기준에
적합하였음을 의미합니다.

기적의 직독직해

끊어 읽기를 통한 직독직해 연습은
영어 이해력, 읽기 속도, 정확성을 동시에 키워주는 필수 학습법입니다.

초등 저학년 단계에서는 주로 단어와 문맥을 통해 대략적인 의미를 유추하며 읽었다면, 고학년 시기에는 시험 영어에 대비해 문장을 정확하고 빠르게 이해하며 읽는 능력이 필요합니다. 문장을 의미 단위로 나누어 읽는 '끊어 읽기'를 연습하면 주어, 동사, 목적어 같은 문장 요소들을 자연스럽게 파악할 수 있으며, 길고 복잡한 문장도 더 쉽게 이해할 수 있게 됩니다. 이렇게 하면 문장을 앞뒤로 왔다갔다 하지 않고도 어순 그대로 읽으면서 즉시 이해하는 '직독직해' 실력이 길러집니다.

1 빠르고 정확한 문장 이해를 위한 끊어 읽기 훈련
의미 단위별 끊어 읽기를 통해 문장 전체를 정확히 이해하며 문장 구조를 파악하는 능력을 키웁니다.

2 다양한 장르의 흥미로운 글감을 골고루!
고학년 학생들의 흥미를 유발하는 뉴스와 지식, 전기문, 고전 동화, 창작 스토리 등 다양한 장르를 담았으며, 권당 160~200개의 연관 키워드를 함께 익힐 수 있도록 구성했습니다.

3 직독직해 실력을 높이는 핵심 문법과 문장 구조 알기
〈Grammar Point〉, 〈직독직해 Boost Up!〉 코너를 통해 주요 문법과 핵심 문장 구조를 익히고 실전에 활용할 수 있도록 합니다.

How to Study
독해 실력이 늘어나는 4단계 구성

Step 1
리딩 지문 읽기

지문 및 단어 듣기

주요 단어와 우리말 뜻을 보여줍니다.

먼저, 지문을 읽습니다. QR코드를 찍어서 원어민 음성을 들으며 눈으로 지문을 쫓아 읽습니다. 이 과정에서 주제와 대략적인 내용을 파악한 다음, 정확한 이해를 위해 문장 하나하나를 자세히 읽어 나갑니다.
낯선 어휘는 하단의 단어 박스를 통해 의미를 참고합니다.

Step 2
확인 테스트

지문 내용을 잘 이해했는지 문제를 통해 확인합니다.
A유형 서술된 문장이 옳은지 그른지를 판단하여 T 또는 F에 V 표시하기
B유형 지문 내용을 토대로 빈칸에 들어갈 알맞은 단어 고르기
C유형 서로 짝을 이루는 어구를 연결해 문장 완성하기

Grammar Point

해석이 까다로운 문장도 쉽게 읽는 핵심 문법

문장 구조가 복잡해서 해석이 어려운 문장을 한 눈에 파악할 수 있는 핵심 문법 포인트를 설명합니다. 문법과 구조를 이해하여 긴 문장도 쉽게 직독직해 할 수 있습니다.

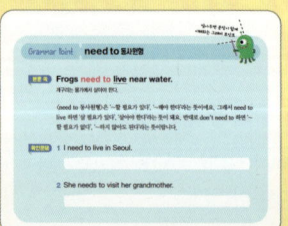

길벗스쿨 e클래스

eclass.gilbut.co.kr
길벗스쿨 e클래스에서 내려 받으세요.

- MP3 바로 듣기 및 전체 다운로드
- 워크시트 5종 다운로드

Step 3
끊어 읽기 연습

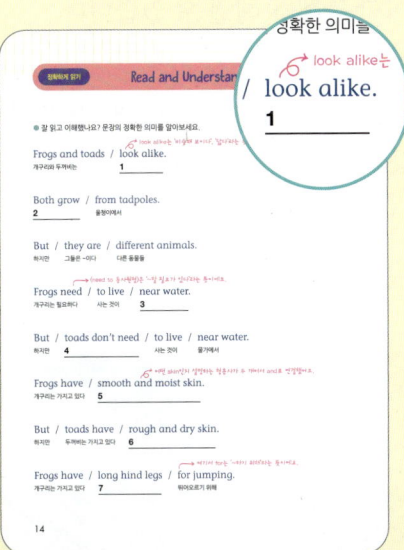

관용어구나 문형에 대한 간략한 설명으로 문장 이해를 돕습니다.

Step 4
워크북 활동

정확한 문장 독해를 위해, 의미 단위로 단어들을 뭉쳐서 뜻을 파악하는 연습을 합니다.
/(슬래시)로 구분된 영어 어구와 그에 해당하는 우리말 뜻을 확인하며 다시 한 번 지문을 읽어 나갑니다. 빈칸을 채우면서 해석에 주의가 필요한 문장들의 뜻을 제대로 이해했는지 확인합니다.

본책 학습 후 워크북 풀이를 통해 어휘력 보강과 지문 복습을 합니다.
A유형 본책에서 다룬 필수 어휘를 따라 쓰며 뜻 익히기
B유형 우리말 뜻에 알맞은 영단어 쓰기
C유형 단어 선택 문제를 풀며 지문을 다시 한 번 철저하게 복습하기

부가 학습자료
• 총정리 테스트 • 무료 워크시트 5종

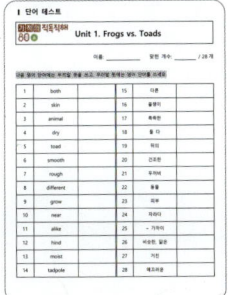
단어 테스트

끊어 읽기 연습

딕테이션

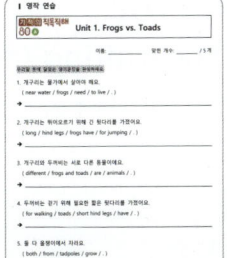
영작 연습

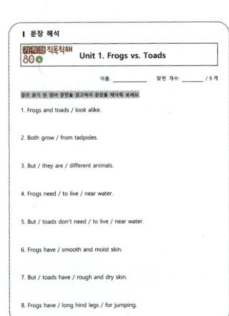
문장 해석

직독직해를 위한 가이드!

직독직해 Boost Up!

우리가 영어를 어렵게 느끼는 가장 큰 이유는 우리말과 영어의 서로 다른 어순 때문일 겁니다. 우리말은 '나는 물을 마신다'라는 어순이지만, 영어는 '나는 마신다 물을'로 우리말과 다른 어순을 갖기 때문이에요. 영어를 우리말 순서에 맞춰 해석하는 것은 좋지 않은 습관입니다. 영어 어순 그대로 읽어가며 바로바로 뜻을 파악하는 영어식 사고에 익숙해져야 해요. 그렇게 되면 리딩 속도가 빨라지는 것은 물론, 더욱 정확하고 완벽한 독해를 해낼 수 있습니다.

영어 어순대로 읽는 즉시 문장의 뜻을 이해하는 것, 즉 직독직해를 할 수 있으려면 단어들을 묶어서 하나의 의미 덩어리로 읽어낼 수 있어야 해요. 일명 '끊어 읽기' 연습을 통해 의미 단위로 구분하여 이해하는 힘을 기를 수 있습니다. 다음에 제시하는 기본 규칙을 적용하여 의미 단위로 끊어 읽는 연습을 해보세요. 많은 글을 읽으며 연습하다 보면 문장을 파악하는 감각이 저절로 생겨날 것입니다.

'주어+동사'를 찾아서 해석해요.

영어 문장은 '누가'(주어)+'행동한다'(동사)를 나타내는 단어들로 시작해요. 어디까지가 '누가'를 나타내고 어디까지 '행동한다'를 의미하는지 파악하는 게 무엇보다 중요합니다. '주어+동사'를 찾아서 한 묶음으로 끊어 이해해 보세요.

예) The sun rises / in the east.
　　 해가　　　 뜬다

She washes / her hands.
그녀는 씻는다

Dorothy and her dog, Toto, follow / the yellow brick road.
도로시와 그녀의 개 '토토'는　　　　　　따라간다　　 ← 주어가 길어지는 경우도 있어요.

They will be waiting / for you.　　　　　　← 동사구가 여러 단어로 이루어지기도 해요.
그들은 기다리고 있을 것이다

'주어+동사' 뒤에 명사가 올 때

'누가 ~한다'라는 말 뒤에는 보통 '무엇을'이란 말이 나옵니다.

예 **Jason ate / ice cream.**
제이슨은 먹었다   아이스크림을

Birds drink / water / every day.
새는 마신다   물을

be동사 뒤에 오는 '명사'는 신분이나 정체를 나타냅니다. 그래서 '주어+be동사+명사'는 주로 '주어는 (신분이) ~이다'로 이해하면 됩니다.

예 **She is / a nurse.**
그녀는   간호사다

Mozart was / a genius musician.   ←… 명사 앞에 명사를 수식하는 말이 들어가기도 해요.
모차르트는   천재 음악가였다

'주어+동사' 뒤에 형용사가 올 때

주어+동사 뒤에 형용사가 올 때는 주어의 상태가 어떠한지를 말해요. '누가 (기분이) 어떠하다' 또는 '무엇이 (상태가) 어떠하다'라고 해석합니다.

예 **Jane feels / happy.**
제인은 느낀다   행복한   ←… 제인은 행복하다

This food smells / bad.
이 음식은 냄새 난다   안 좋은   ←… 이 음식은 안 좋은 냄새가 난다

My father is / sick / with the cold.
아빠는 ~이다   아픈   ←… 아빠는 아프다

'주어+동사' 뒤에 '전치사+명사'가 올 때

'어디에서'를 나타내는 덩어리들은 보통 '전치사+명사'로 이루어집니다. at, on, in, from 등이 대표적인 전치사예요.

예 **They danced / on the stage.**
그들은 춤췄다   무대에서

Amy came / from Chicago.
에이미는 왔다 시카고에서

Some animals live / in the desert.
몇몇 동물들이 산다 사막에

'전치사+명사' 덩어리가 '언제'를 나타내기도 합니다.

예 **Deserts are cold / at night.**
사막은 춥다 밤에

I have a test / on Monday.
나는 시험이 있다 월요일에

He gets up early / in the morning.
그는 일찍 일어난다 아침에

문장 중간에 'to+동사원형'이 올 때

주어+동사 외에 또 다른 동사가 문장 중간에 등장할 때가 있어요. 'to+동사원형' 형태의 덩어리들은 다양하게 해석될 수 있는데, 맥락에 따라 '~하기 위해서' 또는 '~하는 것', '~할/~하는'으로 해석됩니다.

예 **I saved / some money / to help my friend.** ⋯ to: ~하기 위해
나는 저축했다 돈을 내 친구를 돕기 위해

I will go / to the library / to borrow some books. ⋯ to: ~하기 위해
나는 갈 것이다 도서관에 책을 몇 권 빌리러

It is fun / to ride bicycles. ⋯ to: ~하는 것
재미있다 자전거를 타는 것은

I need some water / to drink. ⋯ to: ~할
나는 물이 필요하다 마실

'주어+동사' 뒤에 목적어가 두 개 올 때

주어+동사 뒤에 목적어가 두 개 올 때는 '…에게 ~을 한다'라는 의미로 해석하면 됩니다.

예 **Mr. Brown teaches / us / English.**
브라운 선생님은 가르친다 우리에게 영어를

I gave / Jane / a Christmas card / last Sunday.
나는 줬다 제인에게 성탄절 카드를

'주어+동사+목적어' 뒤에 목적어를 보충 설명하는 말이 올 때

주어+동사 뒤에 목적어 하나가 오는 것으로 그치지 않고, 목적어의 상태를 나타내는 단어가 같이 따라올 수 있어요. 이때는 '목적어를 ~하게 만든다/한다'라고 해석합니다.

예) This book made / me / happy.
　　이 책은 만들었다　　　나를　행복하게

　　They named / their baby / Sam.
　　그들은 이름붙였다　그들의 아기를　샘이라고

접속사나 쉼표(,)를 기준으로 의미가 나뉠 때

그리고(and), 그러나(but), 왜냐하면(because), ~할 때(when) 등 다양한 의미의 접속사를 중심으로 의미가 나뉩니다. 문장을 읽어가다 내용의 흐름을 바꾸는 이러한 접속사가 나오면 끊어 읽기를 하세요.

예) He came to the party / but she didn't.
　　그는 파티에 왔다　　　　하지만 그녀는 안 왔다

　　My mom peeled the potatoes, / and I washed the lettuce.
　　엄마가 감자를 벗겼다　　　　　그리고 나는 상추를 씻었다

　　Pam is worried / because her cat is ill.
　　팸은 걱정한다　　왜냐하면 그녀의 고양이가 아프기 때문이다

문장 앞에 삽입구가 들어갈 때

주어+동사로 시작하기 전에 문장 앞에 삽입구가 오기도 합니다. 삽입구 뒤에 보통 쉼표(,)가 따라오기 때문에 주어+동사와 쉽게 구분할 수 있어요.

예) One day, / I found an old sticker.
　　어느 날　　나는 오래된 스티커를 발견했다

　　For example, / ants have three body parts.
　　예를 들면　　　개미는 몸통이 세 부분으로 나누어져 있다

　　Thanks to your help, / I could finish my homework.
　　너의 도움 덕분에　　　내 숙제를 끝낼 수 있었어

Contents

Unit 1	Frogs vs. Toads 개구리 대 두꺼비	Nonfiction	12
Unit 2	My Old Desk 나의 오래된 책상	Short Story	16
Unit 3	Earthworm 지렁이	Nonfiction	20
Unit 4	Gulliver's Travels 걸리버의 여행	Classic Story	24
Unit 5	Snowflakes 눈송이	Nonfiction	28
Word Puzzle		32
Unit 6	My Little Brother 내 남동생	Short Story	34
Unit 7	Bees and Honey 벌과 벌꿀	Nonfiction	38
Unit 8	A Bear and Two Friends 곰과 두 친구	Classic Story	42
Unit 9	Mozart 모차르트	Nonfiction	46
Unit 10	Don't Give Up 포기하지 마	Short Story	50
Word Puzzle		54

Unit 11	How Birds Drink Water 새가 물을 마시는 방법	Nonfiction	56
Unit 12	The Wizard of Oz 오즈의 마법사	Classic Story	60
Unit 13	Heart and Brain 심장과 두뇌	Nonfiction	64
Unit 14	A New Skateboard 새 스케이트보드	Short Story	68
Unit 15	Facts About Stars 별에 관한 사실들	Nonfiction	72

Word Puzzle ... 76

Unit 16	The Dog and the Shadow 개와 그림자	Classic Story	78
Unit 17	The First Mobile Phone 최초의 휴대폰	Nonfiction	82
Unit 18	Being Honest 정직하다는 것	Short Story	86
Unit 19	Thomas Edison 토마스 에디슨	Nonfiction	90
Unit 20	Jack and the Beanstalk 잭과 콩나무	Classic Story	94

Word Puzzle ... 98

Key Words 160 ... 100

Unit 1 Frogs vs. Toads

Frogs and toads look alike.
Both grow from tadpoles.
But they are different animals.

Frogs need to live near water.
But toads don't need to live near water.

Frogs have smooth and moist skin.
But toads have rough and dry skin.

Frogs have long hind legs for jumping.
But toads have short hind legs for walking.

- **toad** 두꺼비　- **alike** 비슷한, 닮은　- **both** 둘 다　- **grow** 자라다　- **tadpole** 올챙이　- **different** 다른
- **animal** 동물　- **near** ~ 가까이　- **smooth** 매끄러운　- **moist** 촉촉한　- **skin** 피부　- **rough** 거친
- **dry** 건조한　- **hind** 뒤의

Comprehension Check

A 문장을 읽고 옳으면 T(True), 틀리면 F(False)에 V표시를 하세요.

1 Frogs and toads grow from tadpoles. T ☐ F ☐
2 Frogs and toads need to live near water. T ☐ F ☐
3 Toads have long hind legs for jumping. T ☐ F ☐

B 빈칸에 들어갈 올바른 답을 고르세요.

1 Frogs and toads look _____.
   - ⓐ different
   - ⓑ ugly
   - ⓒ funny
   - ⓓ alike

2 Toads don't need to live near _____.
   - ⓐ water
   - ⓑ desert
   - ⓒ land
   - ⓓ mountains

3 Frogs have smooth and _____ skin.
   - ⓐ dry
   - ⓑ rough
   - ⓒ moist
   - ⓓ tough

C 알맞게 연결하여 문장을 완성하세요.

1 Frogs need to •   ⓐ long hind legs.
2 Toads have •   ⓑ rough and dry skin.
3 Frogs have •   ⓒ live near water.

Unit 1 · 13

| 정확하게 읽기 | **Read and Understand** |

● 잘 읽고 이해했나요? 문장의 정확한 의미를 알아보세요.

↱ look alike는 '비슷해 보이다', '닮다'라는 뜻이에요.

Frogs and toads / look alike.
개구리와 두꺼비는   **1** _____

Both grow / from tadpoles.
2 _____   올챙이에서

But / they are / different animals.
하지만   그들은 ~이다   다른 동물들

↱ 〈need to 동사원형〉은 '~할 필요가 있다'라는 뜻이에요.

Frogs need / to live / near water.
개구리는 필요하다   사는 것이   **3** _____

But / toads don't need / to live / near water.
하지만   **4** _____   사는 것이   물가에서

↱ 어떤 skin인지 설명하는 형용사가 두 개여서 and로 연결했어요.

Frogs have / smooth and moist skin.
개구리는 가지고 있다   **5** _____

But / toads have / rough and dry skin.
하지만   두꺼비는 가지고 있다   **6** _____

↱ 여기서 for는 '~하기 위해'라는 뜻이에요.

Frogs have / long hind legs / for jumping.
개구리는 가지고 있다   **7** _____   뛰어오르기 위해

But / toads have / short hind legs / for walking.
하지만   두꺼비는 가지고 있다   짧은 뒷다리를   8 _____

Grammar Point — need to 동사원형

본문 쏙 **Frogs need to live near water.**
개구리는 물가에서 살아야 한다.

〈need to 동사원형〉은 '~할 필요가 있다', '~해야 한다'라는 뜻이에요. 그래서 need to live 하면 '살 필요가 있다', '살아야 한다'라는 뜻이 돼요. 반대로 don't need to 하면 '~할 필요가 없다', '~하지 않아도 된다'라는 뜻이랍니다.

확인문제 1 I need to live in Seoul.
_____

2 She needs to visit her grandmother.
_____

Unit 1 · 15

Unit 2 My Old Desk

I have an old desk in my room.
It's brown. It's not big.
It has two small drawers.
I study at my desk every day.

One day, I found an old picture under my desk.
It was a picture of my old friend Betty and me.
I remember Betty.
She was my preschool friend.
I don't see Betty anymore.
I miss my old friend Betty.

- **drawer** 서랍 • **one day** 어느 날 • **found** 발견했다 (find 발견하다) • **picture** 사진, 그림
- **remember** 기억하다 • **preschool** 유치원 • **anymore** 더 이상 • **miss** 그리워하다

Comprehension Check

A 문장을 읽고 옳으면 T(True), 틀리면 F(False)에 V표시를 하세요.

1 I have a new desk in my room.　　　　　　　T ☐　F ☐
2 My desk has two small drawers.　　　　　　T ☐　F ☐
3 I found an old picture under my chair.　　　T ☐　F ☐

B 빈칸에 들어갈 올바른 답을 고르세요.

1 My old desk is _____.

　ⓐ very big　　　　　　　　ⓑ brown
　ⓒ new　　　　　　　　　　ⓓ black

2 I found an old _____ under my desk.

　ⓐ stamp　　　　　　　　　ⓑ eraser
　ⓒ picture　　　　　　　　 ⓓ pin

3 Betty was my _____ friend.

　ⓐ first　　　　　　　　　　ⓑ elementary school
　ⓒ new　　　　　　　　　　ⓓ preschool

C 알맞게 연결하여 문장을 완성하세요.

1 I study at my desk　•　　　　　ⓐ anymore.

2 It was a picture of　•　　　　　ⓑ every day.

3 I don't see Betty　•　　　　　　ⓒ my old friend Betty and me.

Unit 2 · 17

Read and Understand

정확하게 읽기

● 잘 읽고 이해했나요? 문장의 정확한 의미를 알아보세요.

↪ 모음 소리로 시작하는 단어 앞에는 a 대신 an을 사용해요.

I have / an old desk / in my room.
나는 가지고 있다   **1** _____   내 방에

It's brown.   It's not big.
그것은 갈색이다   그것은 크지 않다

It has / two small drawers.
그것은 가지고 있다   **2** _____

↪ 장소와 시간을 모두 나타낼 때는 '장소-시간'의 순서로 나열해요.

I study / at my desk / every day.
나는 공부한다   **3** _____   매일

One day, / I found / an old picture / under my desk.
어느 날   **4** _____   오래된 사진 한 장을   내 책상 아래에서

↪ 나와 다른 사람을 and로 연결할 때는 다른 사람을 먼저 언급하고 나(me, I)를 뒤쪽에 넣어요.

It was a picture / of my old friend Betty and me.
그것은 사진이었다   **5** _____

I remember / Betty.
6 _____   베티를

She was / my preschool friend.
그녀는 ~였다   **7** _____

I don't see / Betty / anymore.
나는 보지 않는다　　베티를　　더 이상

I miss / my old friend Betty.
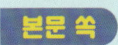　　나의 옛 친구 베티를

Grammar Point — of의 역할

본문 쏙 **It was a picture of my old friend Betty and me.**
그것은 나의 옛 친구인 베티와 나의 사진이었다.

of는 '~의'라는 뜻의 전치사예요. 어떤 사람이나 사물에 속하거나 그것과 연관되는 것을 나타낼 때 of를 이용해요. a picture of Betty라고 하면 '베티의 사진'이라는 뜻이 되고, a picture of Betty and me는 '베티와 나의 사진'이라는 의미가 됩니다.

확인문제

1 This is a picture of my mother.

2 He is a member of the team.

Nonfiction Unit 3: Earthworm

This animal has no arms, legs, or bones.
This animal has a soft body.
Its body is covered with tiny hairs.
The hairs help it move.
This animal breathes through its skin.
It must keep moist all the time.

This animal can wriggle.
This animal eats its poop.
Its poop makes soil rich.
Its poop makes the best soil.

This animal is called an earthworm.

- **bone** 뼈 • **be covered with** ~로 덮여 있다 • **tiny** 아주 작은 • **breathe** 숨쉬다 • **through** ~을 통해
- **keep** 유지하다 • **all the time** 내내, 항상 • **wriggle** 꿈틀거리다 • **poop** 배설물 • **soil** 흙
- **rich** 비옥한, 부자인 • **earthworm** 지렁이

Comprehension Check

A 문장을 읽고 옳으면 T(True), 틀리면 F(False)에 V표시를 하세요.

1 An earthworm has no arms, legs, or body.　　T ☐　F ☐
2 This animal breathes through its skin.　　T ☐　F ☐
3 Its poop makes soil rich.　　T ☐　F ☐

B 빈칸에 들어갈 올바른 답을 고르세요.

1 Its body is covered with tiny _____.
　ⓐ arms　　　　　　　　ⓑ hairs
　ⓒ legs　　　　　　　　ⓓ bones

2 This animal can _____.
　ⓐ wriggle　　　　　　　ⓑ walk
　ⓒ swim　　　　　　　　ⓓ run

3 This animal eats its _____.
　ⓐ arms　　　　　　　　ⓑ skin
　ⓒ bones　　　　　　　　ⓓ poop

C 알맞게 연결하여 문장을 완성하세요.

1 This animal has　　•　　　　•　ⓐ all the time.
2 It must keep moist　•　　　　•　ⓑ the best soil.
3 Its poop makes　　•　　　　•　ⓒ a soft body.

Unit 3 · 21

Read and Understand

정확하게 읽기

● 잘 읽고 이해했나요? 문장의 정확한 의미를 알아보세요.

> 'A or B'는 'A나 B'라는 뜻인데, 부정문에서 쓰이면 'A도 B도 (아닌)'이라는 뜻이에요.

This animal / has no / arms, legs, or bones.
이 동물은   가지고 있지 않다   팔도, 다리도, 뼈도

This animal has / a soft body.
이 동물은 가지고 있다   **1** _____

> cover는 '덮다'이고, is covered는 '덮여 있다'라는 뜻이에요.

Its body / is covered / with tiny hairs.
이것의 몸은   **2** _____   아주 작은 털들로

> ⟨help A B⟩는 'A가 B하도록 돕다'라는 뜻이에요.

The hairs help / it move.
그 털들은 도와준다   **3** _____

This animal breathes / through its skin.
이 동물은 숨을 쉰다   **4** _____

> keep은 특정한 상태나 위치를 '유지하다'라는 뜻이에요.

It must keep / moist / all the time.
5 _____ 촉촉한 상태를 항상

This animal / can wriggle.
이 동물은   **6** _____

> its는 '그것의'라는 뜻으로서, 여기서는 '이 동물의'라는 뜻이에요.

This animal eats / its poop.
이 동물은 먹는다   자신의 배설물을

↱ ⟨make A B⟩는 'A를 B하게 만들다'라는 뜻이에요.

Its poop makes / soil rich.
이것의 배설물은 만든다   **7** _____

Its poop makes / the best soil.
이것의 배설물은 만든다   가장 좋은 흙을

↱ call은 '부르다'이고, is called는 '~라고 불리다'라는 뜻이에요.

This animal / is called / an earthworm.
이 동물은   **8** _____   지렁이라고

Grammar Point make A B

본문 쏙 **Its poop makes soil rich.**
이것의 배설물은 흙을 비옥하게 만든다.

⟨make A B⟩는 'A를 B하게 만들다'라는 뜻이에요. 그래서 make soil nice는 '흙을 좋게 만든다'는 뜻이에요. 만약 make me angry라고 하면 '나를 화나게 만든다'라는 의미가 되지요.

확인문제 1 He makes people happy.
_____

2 The smell makes us hungry.
_____

알아두면 문장이 쉽게 이해되는 그래머 포인트

Unit 4 — Gulliver's Travels

When Gulliver wakes up, he can't move.

He only sees tiny people around him.

He sees tiny people on his body.

They are about six inches high.

They are really tiny people.

The people tied Gulliver's body and his hair to the ground.

Gulliver stands up. The people are scared.

Gulliver is hungry and thirsty.

He wants food and drink.

The people bring him three big baskets of meat, ten loaves of bread, and two barrels of water.

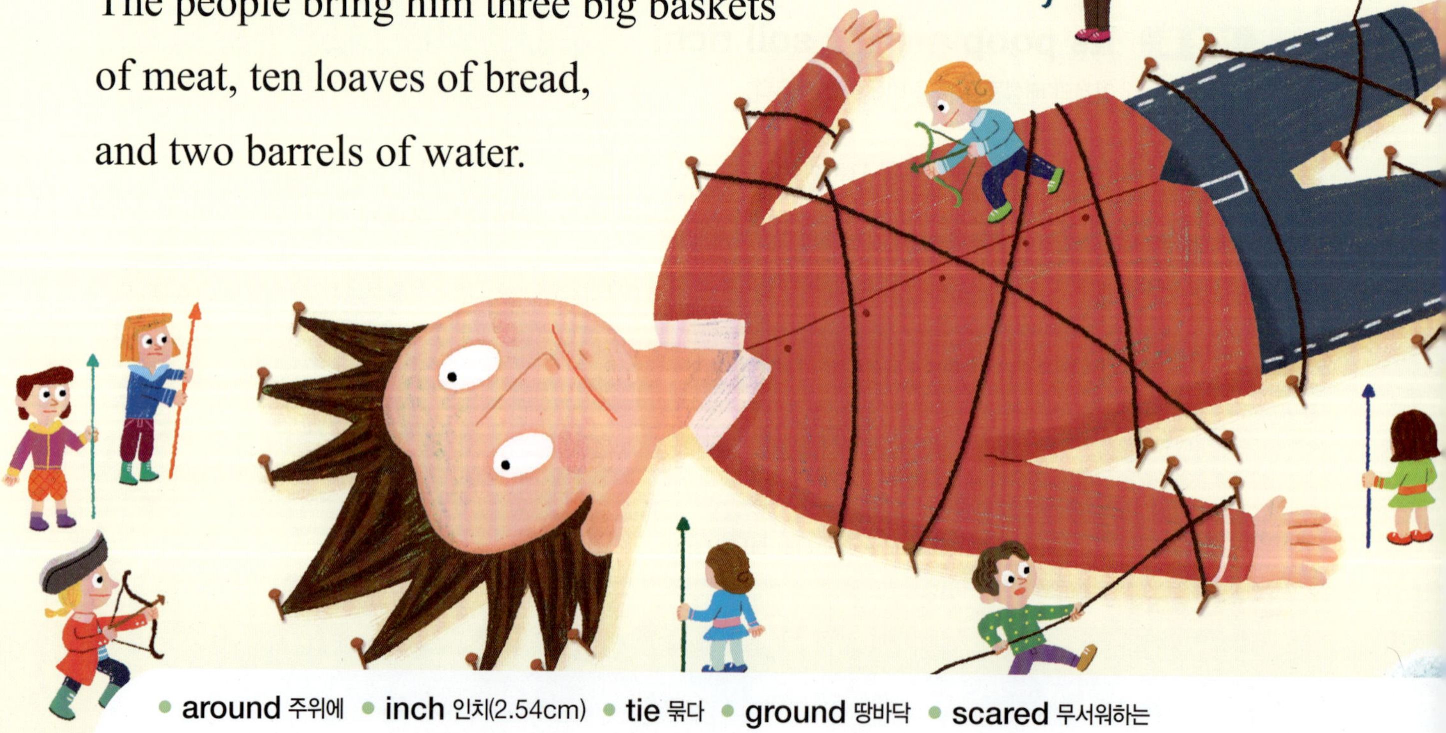

- **around** 주위에 · **inch** 인치(2.54cm) · **tie** 묶다 · **ground** 땅바닥 · **scared** 무서워하는
- **thirsty** 목이 마른 · **bring** 가져다 주다 · **basket** 바구니 · **meat** 고기
- **loaves** 빵 덩이들 (loaf 빵 덩이) · **barrel** (대형) 통

Comprehension Check

A 문장을 읽고 옳으면 T(True), 틀리면 F(False)에 V표시를 하세요.

1 Gulliver can't move his body.   T ☐   F ☐
2 Gulliver is about six inches high.   T ☐   F ☐
3 Gulliver is scared of the tiny people.   T ☐   F ☐

B 빈칸에 들어갈 올바른 답을 고르세요.

1 Gulliver sees _____ people around him.
   ⓐ tall   ⓑ giant
   ⓒ big   ⓓ tiny

2 The people tied Gulliver's _____ and his _____ to the ground.
   ⓐ body, hair   ⓑ body, head
   ⓒ hair, neck   ⓓ head, neck

3 The people bring him ten _____ of bread and two _____ of water.
   ⓐ loaf, barrel   ⓑ loaves, barrels
   ⓒ baskets, cups   ⓓ loaves, cups

C 알맞게 연결하여 문장을 완성하세요.

1 He sees tiny people   •   ⓐ six inches high.
2 They are about   •   ⓑ on his body.
3 He wants   •   ⓒ food and drink.

> 정확하게 읽기

Read and Understand

● 잘 읽고 이해했나요? 문장의 정확한 의미를 알아보세요.

When Gulliver wakes up, / he can't move.
걸리버는 깨어날 때   **1** _____

> only는 '오직', '~만'의 뜻이에요.

He only sees / tiny people / around him.
그는 ~만 보인다   아주 작은 사람들   **2** _____

He sees / tiny people / on his body.
그는 본다   아주 작은 사람들을   그의 몸 위에

> high는 바닥에서부터의 '높이'를 말하는데, 여기서는 사람들의 '키'를 말해요.

They are / about six inches high.
그들은 ~하다   **3** _____

They are / really tiny people.
그들은 ~이다   정말 아주 작은 사람들

The people tied / Gulliver's body and his hair / to the ground.
그 사람들은 묶었다   **4** _____   땅에

Gulliver stands up.   The people are scared.
걸리버가 일어선다   **5** _____

Gulliver is / hungry and thirsty.
걸리버는 ~하다   **6** _____

26

He wants / food and drink.
그는 원한다   음식과 마실 것을

<bring A B>는 'A에게 B를 가져다 주다'라는 뜻입니다.

The people bring him / three big baskets of meat, / ten loaves of
그 사람들은 그에게 가져다 준다   7_____   8_____

 barrel은 맥주나 포도주를 담는 '큰 통'을 말해요.

bread, / and two barrels of water.
             그리고 큰 물통 2개를

Grammar Point — when의 역할

본문 쏙 **When** Gulliver wakes up, he can't move.
걸리버는 깨어날 때 움직일 수가 없다.

위 문장은 Gulliver wakes up.과 He can't move.라는 두 문장이 접속사 when으로 연결된 형태예요. when은 '~할 때'라는 뜻으로 이렇게 두 문장을 연결할 때 사용해요.

확인문제

1 When it snows, I wear mittens.

2 She calls her mother when she's lonely.

Nonfiction Unit 5: Snowflakes

We can see snow when the weather is cold.
Snowflakes are made up of ice.
A snowflake starts out very small and it grows bigger.

What shape is a snowflake?
Is it a circle? Is it a rectangle?
No. A snowflake is a hexagon.
It has six sides.
But snowflakes don't look the same.
They all look different.

Next time you see a snowflake,
feel how cold it is
and see if it is a hexagon.

- **weather** 날씨 • **snowflake** 눈송이 • **be made up of** ~로 이루어지다 • **shape** 모양 • **circle** 원형
- **rectangle** 직사각형 • **hexagon** 육각형 • **side** (입체의) 면 • **next** 다음의 • **feel** 느끼다 • **if** ~인지

Comprehension Check

A 문장을 읽고 옳으면 T(True), 틀리면 F(False)에 V표시를 하세요.

1 Snowflakes are made up of ice. T ☐ F ☐
2 A snowflake is a rectangle. T ☐ F ☐
3 Snowflakes look the same. T ☐ F ☐

B 빈칸에 들어갈 올바른 답을 고르세요.

1 A snowflake starts out very small and it grows _____.
   ⓐ smaller   ⓑ bigger
   ⓒ biggest   ⓓ tiny

2 A snowflake has _____ sides.
   ⓐ four   ⓑ five
   ⓒ six   ⓓ seven

3 Snowflakes all look _____.
   ⓐ the same   ⓑ funny
   ⓒ big   ⓓ different

C 알맞게 연결하여 문장을 완성하세요.

1 We can see snow •   ⓐ made up of ice.
2 Snowflakes are •   ⓑ look the same.
3 Snowflakes don't •   ⓒ when the weather is cold.

Read and Understand

정확하게 읽기

● 잘 읽고 이해했나요? 문장의 정확한 의미를 알아보세요.

We can see / snow / when the weather is cold.
우리는 볼 수 있다   눈을   **1** _____

→ be made up of는 '~로 이루어지다/구성되다'라는 뜻이에요.

Snowflakes / are made up / of ice.
눈송이들은   **2** _____   얼음으로

→ grow 뒤에 bigger(더 큰)를 붙이면 '점점 더 커지다'라는 뜻이 돼요.

A snowflake starts out / very small / and / it grows bigger.
3 _____   아주 작게   그리고   그것은 점점 더 커진다

What shape is / a snowflake?
4 _____   눈송이는

Is it a circle? / Is it a rectangle?
그것은 원형일까?   **5** _____

No.   A snowflake is / a hexagon.
아니다   눈송이는 ~이다   육각형

→ 여기서 side는 '면'을 뜻해서 six sides는 '여섯 면'이 돼요.

It has / six sides.
그것은 가지고 있다   **6** _____

But / snowflakes / don't look / the same.
하지만   눈송이들은   보이지 않는다   똑같은 것으로

They all / look different.
그들은 모두   **7** _____

Next time / you see a snowflake,
다음에   당신이 눈송이를 보면

↳ 〈next time 주어+동사〉는 '다음에 ~하면'이라는 뜻이에요.

feel / how cold it is / and see / if it is a hexagon.
느껴봐라   **8** _____   그리고 알아봐라   그것이 육각형인지

↳ see if는 '~인지 (아닌지) 알아보다'라는 뜻이에요.

Grammar Point   grow + 비교급

본문 쏙 **A snowflake starts out very small and it grows bigger.**
눈송이는 아주 작게 시작해서 점점 더 커진다.

bigger(더 큰), smaller(더 작은), taller(키가 더 큰) 등과 같이 형용사에 -er을 붙인 형태를 '비교급'이라고 해요. grow 뒤에 이런 비교급을 붙이면 '점점 더 ~해지다'라는 뜻이에요. 그래서 grow bigger는 '점점 더 커지다'라고 해석하면 됩니다.

확인문제 **1** The balloon grows bigger.
_____

2 My snowman grows smaller.
_____

Word Puzzle

Unit 1-5

● 퍼즐을 풀며 배운 단어를 복습해 보세요. 문장을 완성하는 단어를 해당 칸에 넣어 퍼즐을 완성하세요.

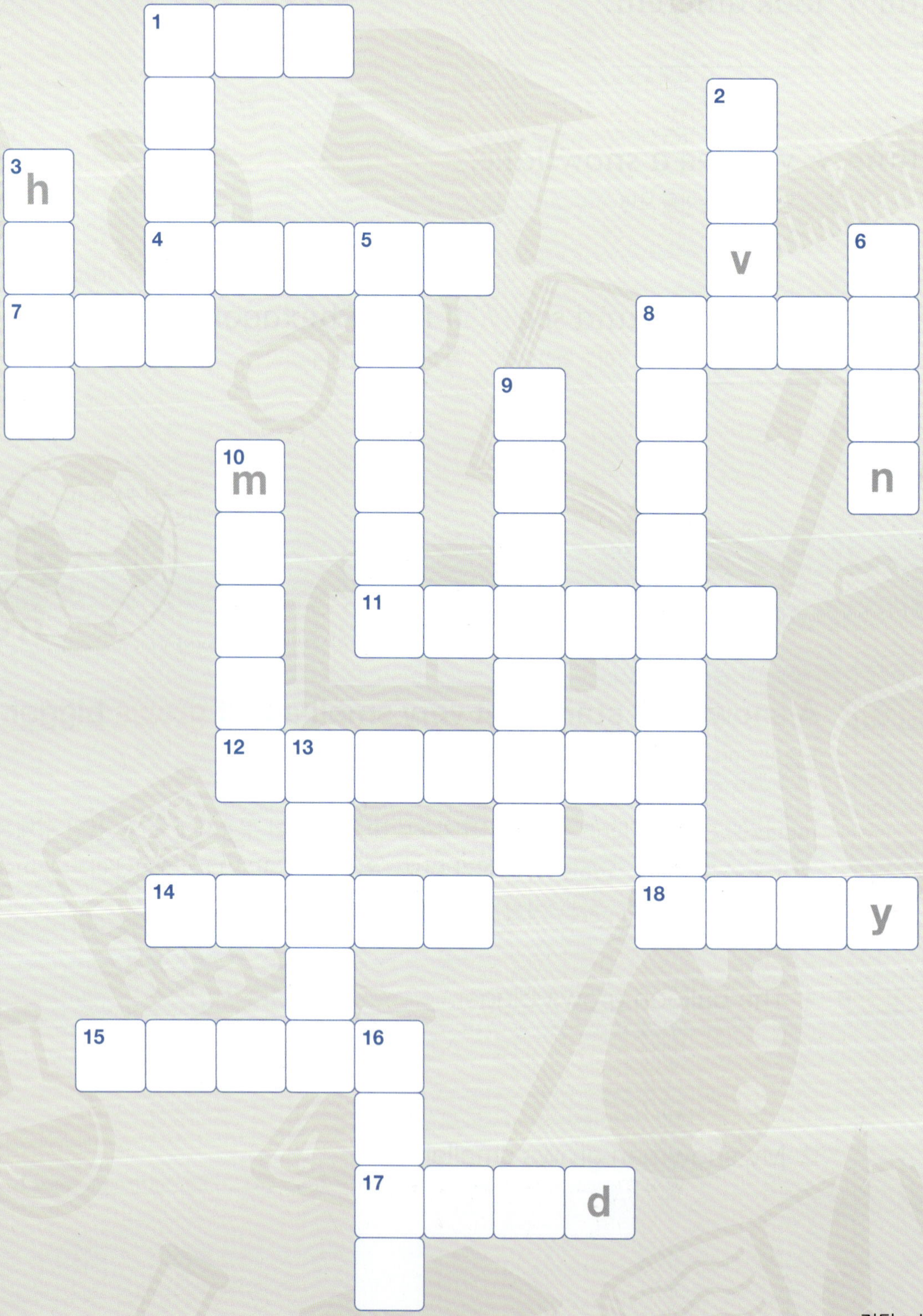

정답 ▶ 별책 64쪽

Across
가로

1 A snowflake has _____ sides.
4 Toads have _____ and dry skin.
7 Snowflakes are made up of _____.
8 I study at my _____ every day.
11 The old desk has two small _____s.
12 Frogs and toads grow from _____s.
14 Gulliver is hungry and thirsty. He wants food and _____.
15 Toads don't need to live near _____.
17 We can see snow when the weather is _____.
18 Gulliver only sees _____ people around him.

Down
세로

1 Gulliver stands up. The people are _____d.
2 When Gulliver wakes up, he can't _____.
3 An earthworm's body is covered with tiny _____s.
5 The tiny people tied Gulliver's body and his hair to the _____.
6 An earthworm breathes through its _____.
8 Snowflakes all look _____.
9 Every snowflake is a _____.
10 Frogs have smooth and _____ skin.
13 Frogs and Toads look _____.
16 An earthworm's poop makes soil _____.

Learn More!

피부가 투명한 유리 개구리

이런 개구리를 본 적 있나요? 아랫배가 투명해서 심장이 뛰는 모습이나 폐가 커졌다 줄어들었다 하는 것도 보여요. 그래서 '유리 개구리'라는 이름이 붙었어요. 현재는 멸종 위기에 처해 있지만, 주로 콜롬비아, 코스타리카 같은 열대 지역에서 찾아볼 수 있어요. 이들은 야행성으로, 늦은 밤에서 새벽까지 활발히 활동하고, 해가 떠 있는 낮에는 잠을 자요. 특히 수컷 유리 개구리는 뛰어난 부성애로 유명해요. 암컷이 알을 낳고 떠난 후, 수컷이 알이 부화할 때까지 적으로부터 보호해요. 독특한 외모의 유리 개구리가 자연에서 잘 살 수 있도록 따뜻한 응원을 보내 주세요.

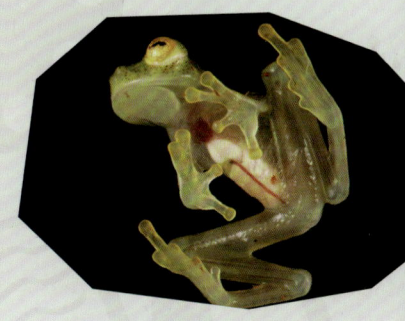

Short Story Unit 6

My Little Brother

I have a little brother, Ben.
He is 7 years old.
He follows me everywhere.
He makes a mess all the time.
He bothers me all the time.
I really don't like my little brother.

One day, Ben brings a picture from school.
He gives me the picture.
It is a picture of me smiling.
It says, "The Best Person in the World."
I hug my brother.
"You are the best brother in the world."

- **follow** 따라가다 - **everywhere** 어디든 - **mess** 지저분한 상태 - **bother** 귀찮게 하다 - **smile** 미소 짓다
- **person** 사람 - **world** 세상 - **hug** 껴안다

Comprehension Check

A 문장을 읽고 옳으면 T(True), 틀리면 F(False)에 V표시를 하세요.

1 Ben is 7 years old. He is my little brother.   T ☐ F ☐
2 I follow my little brother all the time.   T ☐ F ☐
3 Ben gives me a picture of himself.   T ☐ F ☐

B 빈칸에 들어갈 올바른 답을 고르세요.

1 Ben makes a _____ all the time.
   ⓐ picture   ⓑ mess
   ⓒ toy   ⓓ bed

2 Ben bothers me _____.
   ⓐ everywhere   ⓑ sometimes
   ⓒ today   ⓓ all the time

3 You are the best brother in the _____.
   ⓐ house   ⓑ family
   ⓒ world   ⓓ school

C 알맞게 연결하여 문장을 완성하세요.

1 He follows me   •   ⓐ me smiling.
2 He gives me   •   ⓑ the picture.
3 It is a picture of •   ⓒ everywhere.

Read and Understand

정확하게 읽기

● 잘 읽고 이해했나요? 문장의 정확한 의미를 알아보세요.

I have / a little brother, Ben.　　He is / 7 years old.
나는 가지고 있다　남동생 벤을　　　　그는 ~이다　일곱 살

He follows me / everywhere.
1 _____　어디든

→ make a mess는 '지저분하게 만들다', 즉 '어지르다'라는 뜻이에요.

He makes / a mess / all the time.
그는 만든다　지저분한 상태를　**2** _____

→ all the time은 '항상', '내내'라는 뜻이에요.

He bothers me / all the time.
3 _____　항상

I really don't like / my little brother.
나는 정말 좋아하지 않는다　　나의 남동생을

One day, / Ben brings / a picture / from school.
어느 날　　**4** _____　그림을　　학교에서

He gives me / the picture.
그는 나에게 준다　　그 그림을

It is / a picture of me / smiling.
그것은 ~이다　나를 그린 그림　　**5** _____

 여기에서 say는 '(글에) ~라고 쓰여 있다'라는 의미예요.

It says, / "The Best Person / in the World."
거기에는 쓰여 있다 **6** _____ 세상에서

I hug / my brother.
7 _____ 나의 남동생을

"You are / the best brother / in the world."
너는 ~이다 가장 좋은 남동생 **8** _____

Grammar Point give A B

본문 속 **He gives me the picture.**
그는 나에게 그 그림을 준다.

⟨give A B⟩는 'A에게 B를 주다'라는 뜻이에요. 그래서 gives me the picture는 '나에게 그림을 주다'라고 해석해요.

확인문제 1 She gives me some money.
_____

2 I gave him a candy.
_____

Nonfiction Unit 7

Bees and Honey

Bees fly from flower to flower.
Bees can visit about 5,000 flowers in a day.
Bees drink nectar from the flowers.
They store it in their stomachs.
They fly to their hive and pass it to other bees.
The nectar gradually turns into honey.

Bees fly around the flowers and move pollen to other flowers.
Bees carry pollen with their legs.
This is called pollination.
Pollination makes more flowers.

- **visit** 찾아가다, 방문하다 - **nectar** 꽃꿀 - **store** 저장하다 - **stomach** 위, 배 - **hive** 벌집
- **pass** 전달하다 - **gradually** 점차 - **turn into** ~로 변하다 - **honey** 벌꿀 - **pollen** 꽃가루
- **carry** 나르다 - **pollination** 수분(꽃의 암술의 끝부분에 꽃가루가 붙는 것)

Comprehension Check

A 문장을 읽고 옳으면 T(True), 틀리면 F(False)에 V표시를 하세요.

1 Bees can visit about 5,000 flowers in a day. T ☐   F ☐
2 Bees drink water from the flowers. T ☐   F ☐
3 Bees carry pollen with their wings. T ☐   F ☐

B 빈칸에 들어갈 올바른 답을 고르세요.

1 Bees store the nectar in their _____.
   ⓐ mouths   ⓑ stomachs
   ⓒ legs   ⓓ wings

2 Bees fly around the flowers and _____ pollen.
   ⓐ move   ⓑ eat
   ⓒ clean   ⓓ make

3 The nectar gradually turns into _____.
   ⓐ flowers   ⓑ bees
   ⓒ honey   ⓓ sugar

C 알맞게 연결하여 문장을 완성하세요.

1 Bees fly from   •   ⓐ flower to flower.
2 Pollination makes   •   ⓑ with their legs.
3 Bees carry pollen   •   ⓒ more flowers.

Read and Understand
정확하게 읽기

● 잘 읽고 이해했나요? 문장의 정확한 의미를 알아보세요.

→ from A to B는 'A에서 B로', 'A부터 B까지'라는 뜻이에요.

Bees fly / from flower to flower.
벌들은 날아다닌다   **1** _____

→ about은 숫자 앞에서 '약, ~쯤, 거의'라는 뜻으로 자주 쓰여요.

Bees can visit / about 5,000 flowers / in a day.
벌들은 찾아갈 수 있다   약 5,000송이의 꽃들을   **2** _____

Bees drink / nectar / from the flowers.
벌들은 마신다   꽃꿀을   꽃들로부터

They store it / in their stomachs.
3 _____   그들의 위에

They fly / to their hive / and pass it / to other bees.
그들은 날아간다   그들의 벌집으로   그리고 그것을 전달한다   **4** _____

→ turn into는 '~로 변하다', '~이 되다'라는 뜻이에요.

The nectar / gradually / turns into honey.
그 꽃꿀은   점차   **5** _____

Bees fly / around the flowers / and move pollen / to other flowers.
벌들은 날아다닌다   꽃들 주위를   **6** _____   다른 꽃들에게

Bees carry / pollen / with their legs.
벌들은 나른다   꽃가루를   **7** _____

This is called / pollination.
8   수분이라고

Pollination makes / more flowers.
수분은 만든다   더 많은 꽃들을

Grammar Point: **from A to B**

본문 쏙 **Bees fly from flower to flower.**
벌들은 꽃에서 꽃으로 날아다닌다.

〈from A to B〉는 'A에서 B까지'라는 뜻이에요. 그래서 벌들이 꽃에서 다른 꽃으로 날아다니는 것을 from flower to flower를 이용해서 표현했어요. '학교에서 집까지'는 from school to home, '머리에서 발끝까지'는 from head to toe와 같이 표현하면 됩니다.

확인문제 1 The wind blows from China to Korea.

2 I looked at him from head to toe.

Unit 8 — A Bear and Two Friends

Ian and Evan are friends.
They see a bear in the woods.
Ian quickly climbs a tree and hides.
But Evan cannot climb the tree.
He plays dead on the ground.
The bear whispers something to Evan and walks away.

Ian comes down from the tree.
"What did the bear say?"
"He told me not to trust a person who leaves a friend in danger."

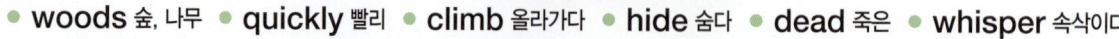

• **woods** 숲, 나무   • **quickly** 빨리   • **climb** 올라가다   • **hide** 숨다   • **dead** 죽은   • **whisper** 속삭이다
• **told** 말했다 (tell 말하다)   • **trust** 믿다   • **leave** 두고 가다   • **danger** 위험

Comprehension Check

A 문장을 읽고 옳으면 T(True), 틀리면 F(False)에 V표시를 하세요.

1 They see a bear in the river. T ☐ F ☐
2 Ian plays dead on the ground. T ☐ F ☐
3 The bear whispers something to Evan. T ☐ F ☐

B 빈칸에 들어갈 올바른 답을 고르세요.

1 Ian quickly climbs _____ and hides.
   ⓐ a mountain   ⓑ a tree
   ⓒ a bear   ⓓ a building

2 Evan plays _____ on the ground.
   ⓐ games   ⓑ music
   ⓒ dead   ⓓ soccer

3 Ian leaves his friend in _____.
   ⓐ danger   ⓑ the woods
   ⓒ the room   ⓓ the cave

C 알맞게 연결하여 문장을 완성하세요.

1 Ian and Evan   •   ⓐ from the tree.
2 Ian comes down   •   ⓑ climb the tree.
3 Evan cannot   •   ⓒ are friends.

Read and Understand

정확하게 읽기

● 잘 읽고 이해했나요? 문장의 정확한 의미를 알아보세요.

Ian and Evan / are friends.
이안과 에반은   친구이다

They see a bear / in the woods.
그들은 곰을 본다   1_____

Ian quickly / climbs a tree / and hides.
이안은 재빨리   2_____   그리고 숨는다

But / Evan cannot climb / the tree.
하지만   3_____   나무에

↪ play dead는 '죽은 척하다'라는 뜻이에요.

He plays dead / on the ground.
4_____   땅바닥에서

walk away는 '걸어서 멀어져 가다', 즉 '떠나가다'라는 뜻이에요. ↩

The bear / whispers something / to Evan / and walks away.
그 곰은   5_____   에반에게   그리고 떠난다

Ian comes down / from the tree.
6_____   그 나무에서

"What did the bear say?"
7_____

44

who ~ in danger가 a person을 뒤에서 꾸며주고 있어요.

"He told me / not to trust a person / who leaves a friend /
그가 내게 말했어   8 _____   친구를 두고 가는

in danger."
위험에 처한

Grammar Point tell A not to 동사원형

본문 쏙 **He told me not to trust a person who leaves a friend in danger.**
그는 위험에 처한 친구를 두고 가는 사람을 믿지 말라고 내게 말했어.

〈tell A to 동사원형〉은 'A에게 ~하라고 말하다'라는 뜻이에요. 그런데 not을 넣어서 〈tell A not to 동사원형〉이 되면 'A에게 ~하지 말라고 말하다'라는 뜻이 돼요. 그래서 told me not to trust a person은 '나에게 사람을 믿지 말라고 말했다'라는 의미가 돼요.

확인문제 1 My dad tells me not to lie.

2 She told me not to bring a gift.

Nonfiction Unit 9 Mozart

Mozart was a genius musician.
He began playing the piano and composing music at five.
He could play the violin, too.

Mozart was a famous composer.
He composed over 600 pieces of music.
Today people like Mozart's music very much.
Do you know the song "Twinkle, Twinkle Little Star"?
Mozart composed this song.
This is a very famous song for children.
Almost every child knows this song.

- **genius** 천재 ● **musician** 음악가 ● **began** 시작했다 (**begin** 시작하다) ● **compose** 작곡하다
- **famous** 유명한 ● **composer** 작곡가 ● **piece** 작품 ● **twinkle** 반짝임 ● **almost** 거의

Comprehension Check

A 문장을 읽고 옳으면 T(True), 틀리면 F(False)에 V표시를 하세요.

1 Mozart began playing the piano at fifteen.   T ☐   F ☐
2 Mozart was a famous composer.   T ☐   F ☐
3 Mozart composed a famous song for children.   T ☐   F ☐

B 빈칸에 들어갈 올바른 답을 고르세요.

1 Mozart was a genius _____.

   ⓐ scientist   ⓑ writer
   ⓒ musician   ⓓ star

2 Mozart could play the piano and the _____.

   ⓐ drum   ⓑ violin
   ⓒ trumpet   ⓓ guitar

3 Mozart composed _____.

   ⓐ over 6,000 pieces of music   ⓑ famous pop songs
   ⓒ only children songs   ⓓ the song "Twinkle, Twinkle Little Star"

C 알맞게 연결하여 문장을 완성하세요.

1 People like Mozart's   •   ⓐ song for children.
2 This is a very famous   •   ⓑ knows this song.
3 Almost every child   •   ⓒ music very much.

Read and Understand

정확하게 읽기

● 잘 읽고 이해했나요? 문장의 정확한 의미를 알아보세요.

↱ musician(음악가) 앞에 genius(천재)가 붙어서 '천재적인 음악가'라는 뜻이에요.

Mozart was / a genius musician.
모차르트는 ~였다   **1** _____

↱ playing the piano와 composing music 모두 began의 목적어예요.

He began / playing the piano / and composing music / at five.
그는 시작했다   피아노를 연주하는 것을   그리고 음악을 작곡하는 것을   **2** _____

↱ 악기를 연주한다고 할 때는 악기 이름 앞에 항상 the를 붙여요.

He could / play the violin, / too.
그는 ~할 수 있었다 **3** _____   ~도

Mozart was / a famous composer.
그는 ~였다   **4** _____

↱ over는 숫자 앞에서 '~ 이상의'라는 뜻으로 자주 쓰여요.

He composed / over 600 pieces of music.
그는 작곡했다   600곡 이상의 음악 작품들을

Today / people like / Mozart's music / very much.
오늘날   **5** _____   모차르트의 음악을   아주 많이

Do you know / the song "Twinkle, Twinkle Little Star"?
6 _____   '반짝 반짝 작은 별' 노래를

Mozart composed / this song.
모차르트가 작곡했다   이 노래를

48

This is / a very famous song / for children.
이것은 ~이다 **7** _____ 아이들에게

↳ every 뒤에는 단수 명사를 쓰기 때문에 every children이라고 하지 않아요.

Almost every child / knows / this song.
8 _____   알고 있다   이 노래를

Grammar Point — and의 역할

본문 속 **He began playing the piano and composing music at five.**
그는 다섯 살에 피아노 연주와 음악 작곡을 시작했다.

위 문장은 He began playing the piano at five.와 He began composing music at five.가 and로 합쳐진 형태예요. and로 연결할 때 He began을 또 쓸 필요가 없어서 생략한 것이랍니다.

확인문제 **1** She began singing and dancing.
_____

2 The students began laughing and talking.
_____

Unit 10: Don't Give Up

Mike is worried about the baseball game next Sunday.

"I don't think we can play our next game,"

Mike says to his coach.

"Luke hurt his knee, and Andy is in bed with a bad cold.

They're the best players on the team.

Our team will lose without them."

"Don't give up. We practiced hard for this game.

I'm sure we will win!" answers his coach.

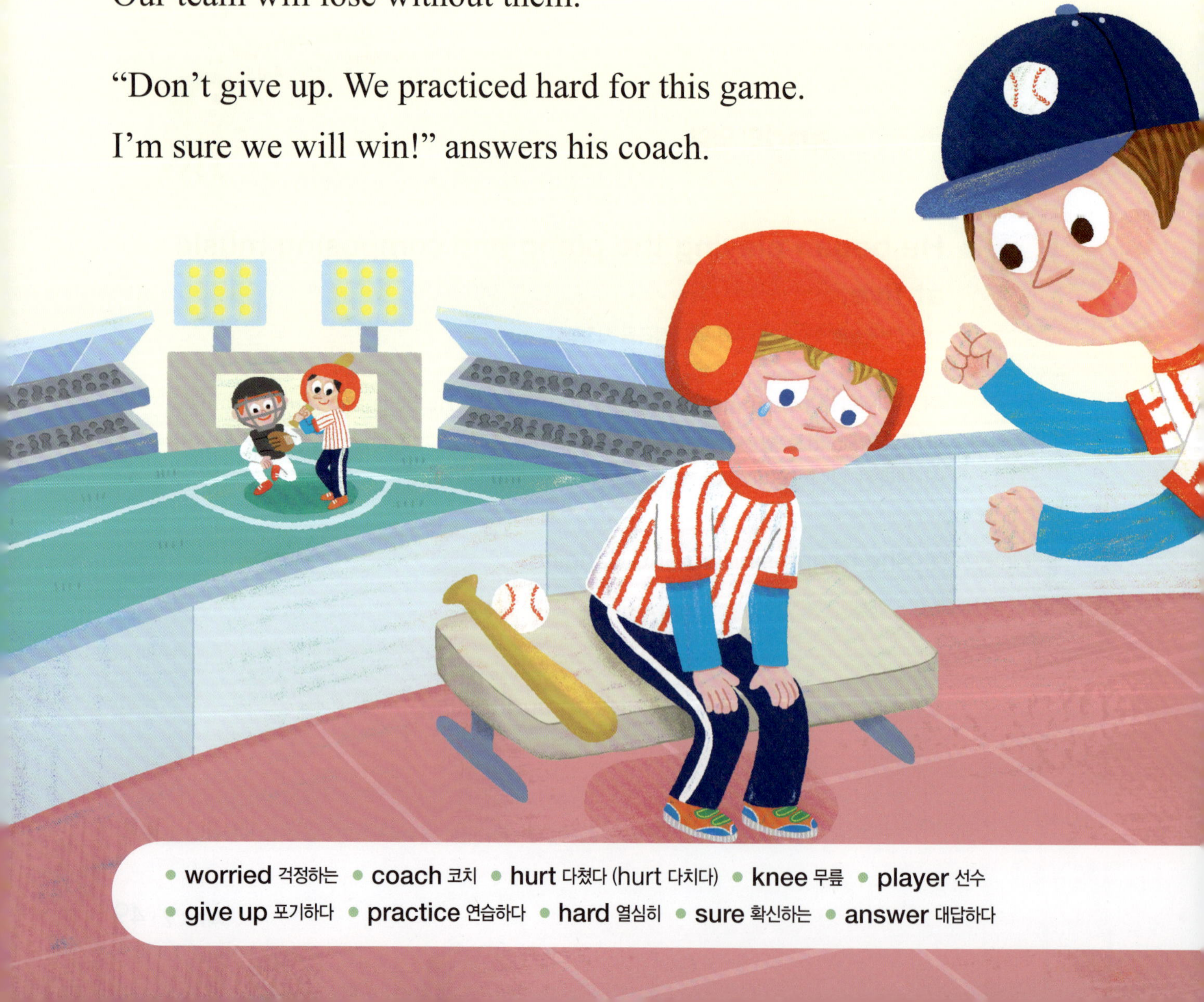

- **worried** 걱정하는
- **coach** 코치
- **hurt** 다쳤다 (hurt 다치다)
- **knee** 무릎
- **player** 선수
- **give up** 포기하다
- **practice** 연습하다
- **hard** 열심히
- **sure** 확신하는
- **answer** 대답하다

Comprehension Check

A 문장을 읽고 옳으면 T(True), 틀리면 F(False)에 V표시를 하세요.

1 Mike is a basketball player. T ☐ F ☐
2 Andy has a bad cold. T ☐ F ☐
3 The coach doesn't give up the game. T ☐ F ☐

B 빈칸에 들어갈 올바른 답을 고르세요.

1 Luke hurt his _____.

ⓐ arm ⓑ finger
ⓒ shoulder ⓓ knee

2 Mike thinks his team will _____ without Luke and Andy.

ⓐ end ⓑ lose
ⓒ practice ⓓ win

3 Mike's team practiced _____ for this game.

ⓐ fast ⓑ easily
ⓒ hard ⓓ a little

C 알맞게 연결하여 문장을 완성하세요.

1 Mike is worried about •   ⓐ we will win!
2 Andy is in bed •   ⓑ the baseball game.
3 I'm sure •   ⓒ with a bad cold.

Read and Understand

정확하게 읽기

● 잘 읽고 이해했나요? 문장의 정확한 의미를 알아보세요.

↪ be worried about은 '~에 대해 걱정하다'라는 뜻이에요.

Mike is worried / about the baseball game / next Sunday.
마이크는 걱정한다　　　 **1** _____　　　　　　　　다음 주 일요일

↪ think 뒤에 나오는 부분 전체가 think의 목적어예요.

"I don't think / we can play / our next game,"
2 _____　　　우리가 할 수 있다고　　우리의 다음 경기를

Mike says / to his coach.
마이크는 말한다　　그의 코치에게

↪ hurt는 현재형과 과거형이 같아요.

"Luke hurt / his knee,
3 _____　　그의 무릎을

↪ be in bed with a bad cold는 '심한 감기로 침대에 있다', 즉 '심한 감기로 앓아 눕다'라는 뜻이에요.

and Andy is in bed / with a bad cold.
그리고 앤디는 누워 있어요　　**4** _____

They're the best players / on the team.
5 _____　　　　　　　　팀에서

Our team / will lose / without them."
우리 팀은　　　질 거예요　　**6** _____

"Don't give up.　　We practiced hard / for this game.
7 _____　　우리는 열심히 연습했다　　이번 경기를 위해

52

I'm sure / we will win!" / answers / his coach.
나는 확신한다   8＿＿＿＿＿＿   대답한다   그의 코치가

Grammar Point — think 주어 + 동사

본문 속 **I don't think we can play our next game.**
저는 우리가 우리의 다음 경기를 할 수 있다고 생각하지 않아요.

think 뒤에 나온 부분 전체가 think의 목적어예요. 따라서 I don't think(나는 생각하지 않는다) / we can play our next game(우리가 우리의 다음 경기를 할 수 있다고)와 같이 해석하면 됩니다. 이렇게 think 뒤에는 절(주어+동사) 형태가 목적어로 쓰일 때가 많아요.

확인문제
1 I think he likes you.
　＿＿＿＿＿＿＿＿＿＿＿＿＿＿＿＿＿＿＿＿＿＿

2 I don't think it's interesting.
　＿＿＿＿＿＿＿＿＿＿＿＿＿＿＿＿＿＿＿＿＿＿

Word Puzzle

Unit 6-10

● 퍼즐을 풀며 배운 단어를 복습해 보세요. 문장을 완성하는 단어를 해당 칸에 넣어 퍼즐을 완성하세요.

정답 ▶ 별책 64쪽

Across
가로

3 Ian and Evan see a _____ in the woods.
4 "I'm _____ we will win!" answers his coach.
5 Andy is in bed _____ a bad cold.
7 Ian quickly _____s a tree and hides.
11 Evan plays dead on the _____.
12 Mozart could _____ the violin, too.
13 Bees drink _____ from the flowers.
14 Bees store nectar in their _____s.
17 Bees _____ pollen with their legs.
19 Our team will _____ without the best players.

Down
세로

1 _____ was a famous composer.
2 People like Mozart's _____ very much.
6 We practiced _____ for this game.
7 Mozart _____d over 600 pieces of music.
8 Luke hurt his _____, and Andy is in bed with a bad cold.
9 The bear _____s something to Evan and walks away.
10 Bees fly around the flowers and move _____ to other flowers.
15 He told me not to trust a person who leaves a friend in _____.
16 The nectar gradually turns into _____.
18 Mike is worried _____ the baseball game next Sunday.

Learn More!

벌집과 육각형

벌집을 관찰해 본 적이 있나요? 벌집은 육각형 모양이에요. 삼각형, 사각형, 원형 등 다양한 모양이 있는데, 왜 벌은 꼭 육각형으로만 벌집을 만들까요? 만약 벌집이 원형이라면 사진처럼 사이사이에 공간이 남아 많은 꿀을 보관할 수 없게 돼요. 하지만 육각형은 여백 없이 빽빽하게 서로 붙어 있어 그 안에 더 많은 꿀을 저장할 수 있어요. 이제 벌집이 왜 육각형인지 알았나요? 벌집을 보게 되면 한 번 유심히 관찰해 보세요. 다만 벌에 쏘일 수 있으니 너무 가까이 가거나 벌집에 손을 대지 않도록 조심하세요.

Unit 11 How Birds Drink Water

Birds need water to live.
They drink water every day.
Most small birds need to drink water at least twice a day.

Do you know how birds drink water?
Do they drink water like us?
No, they don't.

First, a bird dips its bill into the water.
Next, the bird fills its bill with water.
Then, the bird throws its head back.
Last, the water goes into its throat.
This is how a bird drinks water.

- **at least** 최소한 • **twice** 두 번 • **first** 맨 먼저, 첫째 • **dip** 담그다 • **bill** 부리 • **fill** (가득) 채우다
- **then** 그 다음에 • **throw** 던지다 • **back** 뒤로 • **last** 마지막으로 • **throat** 목구멍

Comprehension Check

A 문장을 읽고 옳으면 T(True), 틀리면 F(False)에 V표시를 하세요.

1 Birds drink water every day. T ☐ F ☐
2 Birds drink water like us. T ☐ F ☐
3 A bird has a throat. T ☐ F ☐

B 빈칸에 들어갈 올바른 답을 고르세요.

1 Most small birds need to drink water at least _____.
   ⓐ three times a day   ⓑ twelve times a day
   ⓒ twice a day   ⓓ five times a day

2 First, a bird dips its _____ into the water.
   ⓐ head   ⓑ bill
   ⓒ eyes   ⓓ nose

3 Last, the water goes into its _____.
   ⓐ throat   ⓑ head
   ⓒ wings   ⓓ legs

C 알맞게 연결하여 문장을 완성하세요.

1 Birds need water •   ⓐ how birds drink water?
2 Do you know   •   ⓑ to live.
3 The bird fills   •   ⓒ its bill with water.

Unit 11 · 57

Read and Understand

정확하게 읽기

● 잘 읽고 이해했나요? 문장의 정확한 의미를 알아보세요.

→ 여기에서 to는 '~하기 위해서'라는 뜻으로 쓰였어요.

Birds need / water / to live.
새들은 필요하다   물이   **1** _____

They drink / water / every day.
그들은 마신다   물을   매일

→ at least는 '최소한', '적어도'의 뜻이에요.

Most small birds need / to drink water / at least / twice a day.
대부분의 작은 새들은 필요하다   물을 마시는 것이   최소한   **2** _____

→ know 뒤에 나오는 부분 전체가 know의 목적어예요.

Do you know / how birds drink water?
당신은 알고 있는가?   **3** _____

→ 여기서 like는 '좋아하다'가 아니라 '~처럼', '~같이'라는 뜻이에요.

Do they drink water / like us?
그들은 물을 마실까?   **4** _____

No, / they don't.
아니,   그들은 그렇지 않다

→ 여러 문장을 순서대로 나열할 때는 First, Next, Then, Last 등을 문장 맨 앞에 넣어요.

First, / a bird dips its bill / into the water.
맨 먼저   **5** _____   물 속에

Next, / the bird fills / its bill / with water.
다음에   새는 채운다   자신의 부리를   물로

throw...back은 '~을 뒤로 던지다'라는 뜻으로서, 여기서는 '~을 뒤로 젖히다'라는 뜻이에요.

Then, / the bird throws / its head back.
그 다음에   새는 젖힌다   **6** _____

Last, / the water goes / into its throat.
마지막으로   그 물은 들어간다   **7** _____

This is how / a bird drinks water.
8 _____   새가 물을 마시는

Grammar Point — how 주어 + 동사

 **Do you know how birds drink water?**
새들이 어떻게 물을 마시는지 알고 있나요?

how birds drink water(새들이 어떻게 물을 마시는지)가 know의 목적어 역할을 하고 있어요. 방법을 나타내는 의문사 how 뒤에 '주어+동사'가 와서 '어떻게 ~하는지'라는 뜻을 이뤄요.

확인문제

1 Do you know how ants live underground?
_____

2 Do you know how fish breathe underwater?
_____

Unit 11 · 59

Classic Story

Unit 12 The Wizard of Oz

Dorothy wants to go home.
The Wizard of Oz can help her.
The Wizard of Oz lives in the Emerald City.
Dorothy and her dog, Toto, follow the yellow brick road.

On the way to the Emerald City, Dorothy meets three characters:
a scarecrow who needs a brain,
a tin man who needs a heart,
and a lion who needs courage.
They all want to meet the Wizard of Oz.
The Wizard of Oz can help them.

- **wizard** 마법사 - **brick** 벽돌 - **road** 도로, 길 - **character** 등장인물 - **scarecrow** 허수아비
- **brain** 뇌 - **tin** 깡통 - **heart** 심장, 마음 - **courage** 용기

Comprehension Check

A 문장을 읽고 옳으면 T(True), 틀리면 F(False)에 V표시를 하세요.

1 Dorothy follows the yellow brick road.   T ☐ F ☐
2 The Wizard of Oz can't help the lion.   T ☐ F ☐
3 The tin man wants to meet the Wizard of Oz.   T ☐ F ☐

B 빈칸에 들어갈 올바른 답을 고르세요.

1 The _____ of Oz can help Dorothy.
   ⓐ Witch   ⓑ Wizard
   ⓒ lion   ⓓ tin man

2 The lion needs _____.
   ⓐ a brain   ⓑ a heart
   ⓒ a house   ⓓ courage

3 Toto is Dorothy's _____.
   ⓐ dog   ⓑ scarecrow
   ⓒ cat   ⓓ lion

C 알맞게 연결하여 문장을 완성하세요.

1 The Wizard of Oz   •   ⓐ who needs a brain.
2 Dorothy meets a scarecrow •   ⓑ the Wizard of Oz.
3 They all want to meet   •   ⓒ can help them.

Unit 12 · 61

Read and Understand

정확하게 읽기

● 잘 읽고 이해했나요? 문장의 정확한 의미를 알아보세요.

Dorothy wants / to go home.
도로시는 원한다   **1** _____

The Wizard of Oz / can help her.
오즈의 마법사는   **2** _____

The Wizard of Oz / lives / in the Emerald City.
오즈의 마법사는   산다   에메랄드시에

Dorothy and her dog, Toto, / follow / the yellow brick road.
도로시와 그녀의 개 토토는   따라간다   **3** _____

→ on the way to…는 '~로 가는 길에'라는 뜻이에요.

On the way / to the Emerald City, /
4 _____   에메랄드시로

Dorothy meets / three characters: /
도로시는 만난다   세 명의 등장인물들을:

↪ who는 앞에서 말한 사람에 대해 설명을 덧붙일 때 써요.

a scarecrow / who needs a brain, /
허수아비   **5** _____

a tin man / who needs a heart, /
양철인간   **6** _____

and a lion / who needs courage.
그리고 사자　　　**7** _____

↱ they all은 도로시, 토토, 허수아비, 양철인간, 사자를 말해요.
They all want / to meet / the Wizard of Oz.
8 _____　　만나는 것을　　오즈의 마법사를

The Wizard of Oz / can help / them.
오즈의 마법사는　　　　　도와줄 수 있다　　그들을

알아두면 문장이 쉽게
이해되는 그래머 포인트

Grammar Point 어떤 사람인지 보충 설명해 주는 who

본문 쏙 **a scarecrow who needs a brain**
뇌가 필요한 허수아비

a scarecrow가 어떤 인물인지 who needs a brain(뇌가 필요한)이 설명해 주고 있어요. who는 주로 의문문에서 '누구'라는 뜻으로 쓰이지요. 그런데 예문처럼 앞에서 언급한 사람에 대한 설명을 덧붙일 때도 사용해요. 이럴 때는 '~한', '~하는'으로 해석해요.

확인문제　**1** They are students who need more help.
　　　　　　　_____

　　　　　　2 She is a baby who needs her mom.
　　　　　　　_____

Unit 13 — Heart and Brain

How do you remember your address?

How can you solve math problems?

Your brain does these things.

The brain controls your body.

The right brain helps you with music, shapes, and colors.

The left brain helps you with math, logic, and speech.

Your heart is located in the left side of your chest.

It sends blood around your body.

The blood carries oxygen and nutrients.

It also takes away waste.

- **address** 주소 • **solve** (문제를) 풀다 • **problem** 문제 • **control** 통제하다 • **logic** 논리
- **speech** 언어 능력 • **be located in** ~에 위치하다 • **chest** 가슴 • **oxygen** 산소
- **nutrient** 영양소 • **take away** 제거하다 • **waste** 노폐물, 쓰레기

Comprehension Check

A 문장을 읽고 옳으면 T(True), 틀리면 F(False)에 V표시를 하세요.

1. Your heart solves math problems. T ☐ F ☐
2. The right brain helps you with music. T ☐ F ☐
3. Your heart sends blood around your body. T ☐ F ☐

B 빈칸에 들어갈 올바른 답을 고르세요.

1. The _____ controls your body.
   - ⓐ heart
   - ⓑ blood
   - ⓒ oxygen
   - ⓓ brain

2. The left brain helps you with math, logic, and _____.
   - ⓐ shapes
   - ⓑ speech
   - ⓒ colors
   - ⓓ music

3. The blood takes away _____.
   - ⓐ air
   - ⓑ waste
   - ⓒ nutrients
   - ⓓ oxygen

C 알맞게 연결하여 문장을 완성하세요.

1. How do you remember •   ⓐ in the left side of your chest.
2. Your heart is located •   ⓑ oxygen and nutrients.
3. The blood carries •   ⓒ your address?

| 정확하게 읽기 | **Read and Understand** |

● 잘 읽고 이해했나요? 문장의 정확한 의미를 알아보세요.

How do you remember / your address?
1 _____   당신의 주소를

How can you solve / math problems?
2 _____   수학 문제들을

→ these things는 위 두 문장에서 말한 내용들을 가리켜요.

Your brain does / these things.
당신의 뇌는 한다   이러한 일들을

The brain controls / your body.
3 _____   당신의 몸을

→ (help A with B)는 'A를 B에 관해 돕다'라는 뜻이에요.

The right brain / helps you / with music, shapes, and colors.
4 _____   당신을 도와준다   음악, 모양, 그리고 색깔에 관해

The left brain / helps you / with math, logic, and speech.
5 _____   당신을 도와준다   수학, 논리, 그리고 언어 능력에 관해

Your heart / is located / in the left side / of your chest.
당신의 심장은   위치해 있다   왼쪽에   **6** _____

→ around는 '주위에'라는 뜻 외에 '여기저기'라는 뜻도 있어요.

It sends / blood / around your body.
그것은 보낸다   혈액을   **7** _____

↗ carry의 3인칭 단수형을 만들 때는 y를 없애고 ies를 붙여요.

The blood carries / oxygen and nutrients.
혈액은 실어 나른다   산소와 영양소들을

↗ take away는 '멀리 가지고 가다', 즉 '제거하다'라는 뜻이에요.

It also / takes away / waste.
그것은 또한   **8** _____   노폐물을

Grammar Point — help A with B

본문 속 **The right brain helps you with music, shapes, and colors.**
우뇌는 음악, 모양, 색깔에 관해서 당신을 도와줘요.

〈help A with B〉는 'A를 B에 관해서 돕다', 'A가 B하는 것을 돕다'라는 뜻이에요. 도와주는 내용인 B가 명사일 때는 전치사 with와 함께 이런 형태로 쓰여요.

확인문제 1 I will help you with your homework.

2 The teacher helped him with his writing.

Unit 13 · 67

Short Story Unit 14 — A New Skateboard

"Mom, I want a new skateboard."
"How about this? If you do house chores for me,
I will give you a sticker. When you get twenty stickers,
I'll buy you a skateboard."

Henry did some house chores every day.
He did the dishes and cleaned the house.
A week later, he had twenty stickers.

"Well done, Henry. This skateboard is yours."
Henry worked hard to get what he wanted.

- **skateboard** 스케이트보드 - **house chores** 집안일 - **sticker** 스티커 - **twenty** 20, 스물
- **do the dishes** 설거지하다 - **clean** 청소하다 - **week** 일주일 - **later** 후에, 나중에

Comprehension Check

A 문장을 읽고 옳으면 T(True), 틀리면 F(False)에 V표시를 하세요.

1 Henry wanted a new skateboard.   T ☐   F ☐
2 Henry made the dishes and cleaned the house. T ☐   F ☐
3 Henry got a skateboard for his birthday.   T ☐   F ☐

B 빈칸에 들어갈 올바른 답을 고르세요.

1 If you do _____ for me, I will give you a sticker.

   ⓐ school works   ⓑ skateboarding
   ⓒ house chores   ⓓ exercises

2 Henry had _____ stickers.

   ⓐ two   ⓑ twelve
   ⓒ twenty   ⓓ thirty

3 Henry got a new skateboard from his _____.

   ⓐ friend   ⓑ teacher
   ⓒ father   ⓓ mother

C 알맞게 연결하여 문장을 완성하세요.

1 When you get twenty stickers, •   ⓐ and cleaned the house.

2 He did the dishes   •   ⓑ I'll buy you a skateboard.

3 Henry worked hard   •   ⓒ to get what he wanted.

Unit 14 · 69

Read and Understand

정확하게 읽기

● 잘 읽고 이해했나요? 문장의 정확한 의미를 알아보세요.

"Mom, I want / a new skateboard."
엄마, 저는 원해요   새 스케이트보드를

→ How about...?은 '~는 어때?'라는 의미로 제안할 때 사용해요.

"How about this?
이건 어때?

→ If는 '~하면'이라는 뜻의 접속사예요.

If you do house chores / for me, / I will give you / a sticker.
1 _____   나를 위해   너에게 줄게   스티커를

→ when은 '~할 때'뿐만 아니라 '~하면'이라는 뜻으로도 쓰여요.

When you get twenty stickers, / I'll buy you / a skateboard."
2 _____   너에게 사줄게   스케이트보드를

Henry did / some house chores / every day.
헨리는 했다   집안일을   **3** _____

→ dish는 '접시'라는 뜻이고, do the dishes는 '설거지하다'라는 뜻이에요.

He did the dishes / and cleaned the house.
4 _____   그리고 집을 청소했다

A week later, / he had / twenty stickers.
5 _____   그는 가졌다   스티커 20장을

→ Well done.은 '잘했다' 하고 칭찬할 때 쓰는 표현이에요.

"Well done, Henry. / This skateboard is yours."
잘했다, 헨리.   **6** _____

Henry worked hard / to get / what he wanted.
헨리는 열심히 일했다   얻기 위해   7 _____

→ ⟨what 주어+동사⟩에서 what은 '~하는 것'이라고 해석해요.

Grammar Point   **if의 역할**

본문 쏙 **If you do house chores for me, I will give you a sticker.**
네가 나를 위해 집안일을 하면, 너에게 스티커를 줄게.

위 문장은 You do house chores for me.와 I will give you a sticker.라는 두 문장이 접속사 if로 연결된 형태예요. if는 '~하면'이라는 뜻으로 이렇게 두 문장을 연결할 때 사용해요.

확인문제 **1** If it rains tomorrow, I will stay home.

　　　　2 If you miss the show, you will regret it.

Unit 14 · 71

Unit 15 — Facts About Stars

Do you know how many stars are in our galaxy?
There are about 200 to 400 billion stars in our galaxy.

Do you know how old stars are?
They are usually about 1 to 10 billion years old.
They are very, very old.

A star is a giant ball of gas.
Dust and gas mix together, and this mixture gets bigger and bigger.
When it gets big and hot, it becomes a star.
This is why a star is a giant ball of gas.

- **galaxy** 은하계 ● **billion** 10억 ● **usually** 보통, 대개 ● **giant** 거대한; 거인 ● **gas** 가스 ● **dust** 먼지
- **mix** 섞이다, 섞다 ● **together** 함께, 같이 ● **mixture** 혼합물 ● **become** ~이 되다

Comprehension Check

A 문장을 읽고 옳으면 T(True), 틀리면 F(False)에 V표시를 하세요.

1 There are many stars in our galaxy.　　　　T ☐　F ☐

2 Stars are usually about 200 to 400 billion years old.　　T ☐　F ☐

3 A star is a giant ball of rocks.　　T ☐　F ☐

B 빈칸에 들어갈 올바른 답을 고르세요.

1 There are about 200 to 400 billion stars in our _____.

　ⓐ world　　　　　　　　　ⓑ Earth
　ⓒ galaxy　　　　　　　　　ⓓ star

2 Stars are usually about 1 to 10 _____.

　ⓐ years old　　　　　　　　ⓑ billion years old
　ⓒ hundred years old　　　　ⓓ million years old

3 Dust and gas mix together, and this mixture gets _____ and _____.

　ⓐ shorter, shorter　　　　　ⓑ smaller, smaller
　ⓒ longer, longer　　　　　　ⓓ bigger, bigger

C 알맞게 연결하여 문장을 완성하세요.

1 Do you know how many •　　　　ⓐ stars are in our galaxy?

2 When it gets big and hot, •　　　ⓑ a giant ball of gas.

3 This is why a star is •　　　　　ⓒ it becomes a star.

정확하게 읽기 ## Read and Understand

● 잘 읽고 이해했나요? 문장의 정확한 의미를 알아보세요.

→ 〈how many 복수 명사〉는 '얼마나 많은 ~'라는 뜻이에요.

Do you know / how many stars are / in our galaxy?
당신은 알고 있는가?   1_____   우리 은하에

→ 뒤에 나오는 명사가 한 개가 있다고 할 때는 There is..., 두 개 이상이 있다고 할 때는 There are...를 사용해요.

There are / about 200 to 400 billion stars / in our galaxy.
있다   약 2천~4천억 개의 별들이   2_____

Do you know / how old stars are?
당신은 알고 있는가?   3_____

They are / usually / about 1 to 10 billion years old.
그것들은 ~이다   보통   4_____

They are / very, very old.
그것들은 ~이다   매우, 매우 오래된

→ 여기에서 of는 '~로 된'이라는 뜻으로 구성 성분을 나타내요.

A star is / a giant ball of gas.
별은 ~이다   5_____

Dust and gas mix together, / and this mixture /
6_____   그리고 이 혼합물은

→ get은 '(어떤 상태가) 되다'라는 뜻인데, 뒤에 비교급이 오면 '점점 더 ~해지다'라는 뜻이 돼요.

gets bigger and bigger.
7_____

74

When it gets big and hot, / it becomes / a star.
8 _____   그것은 된다   별이

→ This is why...는 '이것이 ~한 이유이다', 즉 '이래서 ~이다'라는 뜻이에요.

This is why / a star is / a giant ball of gas.
이것이 ~한 이유이다   별은 ~이다   가스로 된 거대한 공

알아두면 문장이 쉽게 이해되는 그래머 포인트

Grammar Point — This is why 주어 + 동사

본문 쏙 **This is why a star is a giant ball of gas.**
이래서 별이 가스로 된 거대한 공인 것이다.

This is why...는 '이것이 ~한 이유이다'라는 뜻으로서, 결국 '이래서 ~이다'라는 의미예요. 이 문장 앞에 언급한 것이 이유이고, why 뒤에 나오는 것이 결과가 됩니다. That is why...(그래서 ~이다)도 자주 쓰이니 함께 알아두세요.

확인문제 1 This is why I am strong.
_____

2 This is why people are so sleepy.
_____

Word Puzzle

Unit 11-15

● 퍼즐을 풀며 배운 단어를 복습해 보세요. 문장을 완성하는 단어를 해당 칸에 넣어 퍼즐을 완성하세요.

정답 ▶별책 64쪽

Across
가로

3 Henry did some house _____ every day.
5 Do you know how many stars are in our _____?
7 Your heart is located in the _____ side of your chest.
8 Dorothy and her dog follow the _____ brick road.
9 The _____ of Oz lives in the Emerald City.
11 A bird dips its _____ into the water.
13 A week _____, Henry had twenty stickers.
14 The heart _____s blood around your body.
16 _____s are usually about 1 to 10 billion years old.
17 Birds _____ water every day.

Down
세로

1 Henry worked hard to _____ what he wanted.
2 A tin man who needs a _____
4 The blood carries _____ and nutrients.
6 The brain _____s your body.
9 The blood also takes away _____.
10 This is why a star is a _____ ball of gas.
12 A _____ who needs courage
15 The _____ carries oxygen and nutrients.
18 The bird _____s its bill with water.

Learn More! 별의 생애

밤하늘을 올려다보면 반짝이는 많은 별들을 볼 수 있어요. 모든 생명체처럼 별도 태어나서 나이를 먹고 생을 마쳐요. 별은 우주에 있는 가스와 먼지 덩어리인 '성운'에서 태어나요. 이렇게 태어난 별들 중에는 태양만 한 별도 있고, 태양보다 몇 배 큰 별도 있어요. 태양 정도 크기의 별은 적색 거성을 거쳐 행성상 성운으로 변한 뒤, 백색 왜성으로 생을 마쳐요. 반면, 태양보다 더 거대한 별은 적색 초거성이 되었다가 초신성 폭발을 일으킨 후, 중성자별이나 블랙홀이 되어 생을 마감해요. 별도 우리처럼 태어나고 나이가 들어 삶을 마친다니 정말 흥미롭지 않나요?

Unit 16 The Dog and the Shadow

A dog was crossing a bridge.

He had a bone in his mouth.

He looked down into the river.

He saw a dog carrying a bone in its mouth.

"I want that bone too!"

So he barked at the dog in the water.

Splash!

His bone fell into the river.

"Oh, my bone!" he cried sadly.

He didn't know that the other dog in the water was a shadow of himself.

- **cross** 건너다   - **bridge** 다리   - **river** 강   - **saw** 봤다 (see 보다)   - **bark** 짖다   - **splash** 풍덩, 첨벙
- **fell** 떨어졌다 (fall 떨어지다)   - **sadly** 슬프게   - **shadow** 그림자   - **himself** 그 자신

Comprehension Check

A 문장을 읽고 옳으면 T(True), 틀리면 F(False)에 V표시를 하세요.

1 The dog had a banana in his mouth.   T ☐ F ☐
2 The dog's bone fell into the river.   T ☐ F ☐
3 The dog barked at the dog on the bridge.   T ☐ F ☐

B 빈칸에 들어갈 올바른 답을 고르세요.

1 He saw a dog carrying _____ in its mouth.
   ⓐ a fish   ⓑ a baby
   ⓒ a bone   ⓓ a shadow

2 He _____ at the dog in the water.
   ⓐ barked   ⓑ shouted
   ⓒ said   ⓓ cried

3 It was a _____ of himself.
   ⓐ bone   ⓑ friend
   ⓒ water   ⓓ shadow

C 알맞게 연결하여 문장을 완성하세요.

1 A dog was crossing   •   ⓐ a bridge.
2 He looked down   •   ⓑ bone, too!
3 I want that   •   ⓒ into the river.

Unit 16 · 79

Read and Understand
정확하게 읽기

● 잘 읽고 이해했나요? 문장의 정확한 의미를 알아보세요.

⟨was -ing⟩는 '~하고 있었다'라는 뜻이에요.

A dog was crossing / a bridge.
1_____   다리를

He had / a bone / in his mouth.
그는 가지고 있었다   뼈다귀 한 개를   2_____

look down은 '아래를 보다', '내려다보다'라는 뜻이에요.

He looked down / into the river.
그는 내려다봤다   그 강 속으로

He saw / a dog / carrying a bone / in its mouth.
그는 봤다   어떤 개가   3_____   그것의 입에

"I want / that bone too!"
나는 원한다   저 뼈다귀도

So / he barked / at the dog / in the water.
그래서 그는 짖었다   4_____   물속에 있는

Splash!
풍덩!

into는 '~안으로'라는 뜻으로, fell into the river는 '강 속으로 떨어졌다'라는 뜻이에요.

His bone fell / into the river.
5_____   그 강 속으로

"Oh, my bone!" / he cried sadly.
오, 내 뼈다귀!　　　　　　6 _____

He didn't know / that / the other dog / in the water /
그는 몰랐다　　　　　~라는 것을　7 _____　물 속에 있던

was a shadow / of himself.
8 _____　그 자신의

Grammar Point — see A -ing

본문 속 **He saw a dog carrying a bone in its mouth.**
그는 어떤 개가 입에 뼈다귀를 갖고 있는 것을 보았다.

〈see A -ing〉는 'A가 ~하고 있는 것을 보다'라는 뜻이에요. 그래서 saw a dog carrying 은 '어떤 개가 가지고 있는 것을 봤다'로 해석하면 됩니다.

확인문제 1 Helen saw Kelly singing in her room.

2 I saw kids playing baseball at the park.

Unit 17 The First Mobile Phone

In the 1950s, people couldn't carry mobile phones in their hands.
Mobile phones were first built into cars.
They were connected to cars.
They were large and heavy.

The first portable mobile phone was made in 1973.
It weighed more than 800 grams.

The battery lasted about eighteen minutes.
It was about twenty-five centimeters high.
The mobile phone was very expensive.
In the USA in 1984, it cost $3,995.

- **mobile phone** 휴대폰 • **be built** 지어지다 (build 짓다) • **be connected** 연결되다 (connect 연결하다)
- **portable** 휴대용의 • **be made** 만들어지다 (make 만들다) • **weigh** 무게가 나가다 • **battery** 배터리
- **last** 지속되다 • **minute** (시간 단위의) 분 • **centimeter** 센티미터 • **expensive** 비싼 • **USA** 미국
- **cost** (값이) ~이다/였다

Comprehension Check

A 문장을 읽고 옳으면 T(True), 틀리면 F(False)에 V표시를 하세요.

1 The first portable mobile phone was made in the 1950s.   T ☐   F ☐
2 Mobile phones were first built into cars.   T ☐   F ☐
3 The first portable mobile phone weighed about 80 grams.   T ☐   F ☐

B 빈칸에 들어갈 올바른 답을 고르세요.

1 In the _____, people couldn't carry mobile phones in their hands.
   ⓐ 1950s   ⓑ 1910s
   ⓒ 1960s   ⓓ 1980s

2 The battery lasted about _____.
   ⓐ eighty minutes   ⓑ eighteen minutes
   ⓒ eighty hours   ⓓ eighteen hours

3 It was about twenty-five centimeters _____.
   ⓐ thick   ⓑ long
   ⓒ high   ⓓ wide

C 알맞게 연결하여 문장을 완성하세요.

1 They were connected •   ⓐ was made in 1973.
2 In the USA in 1984, •   ⓑ to cars.
3 The first portable mobile phone •   ⓒ it cost $3,995.

Read and Understand

정확하게 읽기

● 잘 읽고 이해했나요? 문장의 정확한 의미를 알아보세요.

→ 1950s는 1950~1959년을 의미해요.

In the 1950s, / people couldn't carry / mobile phones /
1950년대에   **1**_____   휴대폰들을

in their hands.
그들의 손에

→ ⟨be동사+built⟩는 '지어지다', '만들어지다'라는 뜻이에요.

Mobile phones / were first built / into cars.
휴대폰들은   **2**_____   차 안에

→ ⟨be동사+connected⟩는 '연결되다'라는 뜻이에요.

They were connected / to cars.
그들은 연결되었다   자동차들에

They were / large and heavy.
그것들은 ~했다   **3**_____

→ portable은 '들고 다닐 수 있는', '휴대용의'라는 뜻이에요.

The first portable mobile phone / was made / in 1973.
첫 번째 휴대용 휴대폰은   **4**_____ 1973년에

→ more than은 '~ 이상의'라는 뜻이에요.

It weighed / more than 800 grams.
그것은 무게가 나갔다 **5**_____

The battery lasted / about eighteen minutes.
6_____   약 18분 정도

84

It was about twenty-five centimeters / high.
그것은 약 25센티미터였다   높이가

The mobile phone was / very expensive.
그 휴대폰은 ~였다   **7** _____

 cost는 현재형과 과거형이 같아요.

In the USA / in 1984, / it cost $3,995.
8 _____   1984년에   그것은 3,995달러였다

알아두면 문장이 쉽게 이해되는 그래머 포인트

Grammar Point   be 동사 + 과거분사

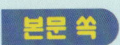 **Mobile phones were first built into cars.**
휴대폰들은 자동차 안에 처음 만들어졌다.

〈be동사+과거분사〉는 '~해지다', '~되다'라는 수동의 의미여서 이런 형태를 '수동태'라고 합니다. 그래서 were built는 '지어졌다, 만들어졌다'라는 뜻이고, was connected는 '연결되었다', was made는 '만들어졌다'라는 뜻이에요. was/were는 과거를 나타내는 be동사입니다.

확인문제 **1** That car was made in 2010.
_____

2 The houses were built in the trees.
_____

Short Story Unit 18

Being Honest

Jason's mom found a broken window in the living room.
"Oh no! The window is broken!
What happened? Who broke the window?"
"I don't know, Mom. I was playing a computer game in my room."

Jason kept playing the game.
But he didn't feel good. Finally he told the truth.
"I am sorry, Mom. I told a lie. I broke the window."
His mom wasn't angry at all. She just gave Jason a hug.
"Being honest makes you a better person, Jason."

- **broken** 깨진 - **happen** (일이) 일어나다 - **broke** 깨뜨렸다 (**break** 깨뜨리다)
- **kept** ~을 계속했다 (**keep** ~을 계속하다) - **finally** 결국, 마침내 - **truth** 진실 - **lie** 거짓말
- **hug** 포옹 - **honest** 정직한 - **better** 더 좋은

Comprehension Check

A 문장을 읽고 옳으면 T(True), 틀리면 F(False)에 V표시를 하세요.

1 Jason's mom found a broken chair in the living room. T ☐ F ☐
2 Jason was playing soccer in his room. T ☐ F ☐
3 Jason broke the window. T ☐ F ☐

B 빈칸에 들어갈 올바른 답을 고르세요.

1 The window is _____!
   ⓐ break   ⓑ breaks
   ⓒ broke   ⓓ broken

2 Finally he told the _____.
   ⓐ true   ⓑ lie
   ⓒ story   ⓓ truth

3 Being _____ makes you a better person.
   ⓐ honest   ⓑ honor
   ⓒ bad   ⓓ young

C 알맞게 연결하여 문장을 완성하세요.

1 Mom found •   ⓐ playing the game.
2 Jason kept •   ⓑ Jason a hug.
3 She just gave •   ⓒ a broken window in the living room.

Unit 18 · 87

Read and Understand

● 잘 읽고 이해했나요? 문장의 정확한 의미를 알아보세요.

→ found는 find(발견하다)의 과거형이에요.

Jason's mom found / a broken window / in the living room.
제이슨의 엄마는 발견했다　　**1** ＿＿＿＿＿＿＿＿＿＿　　거실에서

"Oh no! / The window is broken!
이런!　　**2** ＿＿＿＿＿＿＿＿＿＿＿＿

→ broke는 break(깨뜨리다)의 과거형이에요.

What happened? / Who broke the window?"
무슨 일이 있었지?　　**3** ＿＿＿＿＿＿＿＿＿＿

→ ⟨was -ing⟩는 '~하고 있었다'는 뜻이에요.

"I don't know, Mom. / I was playing a computer game / in my room."
"모르겠어요, 엄마.　　**4** ＿＿＿＿＿＿＿＿＿＿＿＿＿＿＿＿＿　　제 방에서

→ ⟨keep -ing⟩는 '계속 ~하다'라는 뜻이고, kept는 keep의 과거형이에요.

Jason / kept playing the game.
제이슨은　　**5** ＿＿＿＿＿＿＿＿＿＿

→ 다른 표현으로 didn't feel right 또는 felt bad가 있어요.

But he / didn't feel good.
하지만 그는　　**6** ＿＿＿＿＿＿＿＿＿＿

→ told는 tell(말하다)의 과거형이에요.

Finally / he told / the truth.
결국　　　　그는 말했다　　진실을

→ tell a lie는 '거짓말하다'라는 뜻이에요.

"I am sorry, Mom. / I told a lie. / I broke the window."
죄송해요, 엄마　　**7** ＿＿＿＿＿＿　　제가 창문을 깼어요

His mom / wasn't angry / at all.
그의 엄마는   화내지 않았다   전혀

She just / gave Jason a hug.
그녀는 그저   **8** _____

⤷ 〈give A a hug〉는 'A를 안아주다'라는 의미예요.

"Being honest / makes you a better person, / Jason."
정직한 것은   **9** _____   제이슨

Grammar Point — 주어로 쓰이는 동명사

본문 속 **Being** honest makes you a better person.
정직한 것은 너를 더 좋은 사람으로 만들어 준단다.

동사에 -ing를 붙인 형태를 '동명사'라고 해요. 동사가 명사처럼 바뀌는 것으로서 '~하는 것, ~하기'로 해석합니다. 즉, be honest는 '정직하다'인데, being honest로 바꾸면 '정직한 것'이 되는 거예요. 위 문장에서는 Being honest가 주어 역할을 하고 있어요.

확인문제
1 Listening to music is my hobby.

2 Learning a new language is fun.

Unit 19 Thomas Edison

On February 11th, 1847, young Thomas Edison was born.
He was a very curious boy.
One day, he sat on an egg.
He waited for a chick to come out from the egg.

Edison invented many things.
He invented more than 1,300 things.
There are many famous inventions.
The light bulb, phonograph, car battery, and film projector are his most famous inventions.
Edison made many useful things.

light bulb   film projector   phonograph

- **February** 2월 • **be born** 태어나다 • **curious** 호기심이 많은 • **sat** 앉았다 (sit 앉다) • **wait** 기다리다
- **chick** 병아리 • **invent** 발명하다 • **invention** 발명품 • **light bulb** 전구 • **phonograph** 축음기
- **film projector** 영사기 • **useful** 유용한

Comprehension Check

A 문장을 읽고 옳으면 T(True), 틀리면 F(False)에 V표시를 하세요.

1 Thomas Edison was born in 1847.   T ☐   F ☐
2 He only invented three things.   T ☐   F ☐
3 He was a very famous inventor.   T ☐   F ☐

B 빈칸에 들어갈 올바른 답을 고르세요.

1 Young Edison was a very _____ boy.
   ⓐ happy   ⓑ curious
   ⓒ funny   ⓓ nice

2 One day, he sat on _____.
   ⓐ an egg   ⓑ a chick
   ⓒ a light bulb   ⓓ a car

3 One of his famous inventions is _____.
   ⓐ the radio   ⓑ the airplane
   ⓒ the car   ⓓ the light bulb

C 알맞게 연결하여 문장을 완성하세요.

1 He waited for a chick   •   ⓐ than 1,300 things.
2 He invented more   •   ⓑ to come out from the egg.
3 Edison made many   •   ⓒ useful things.

Read and Understand
정확하게 읽기

● 잘 읽고 이해했나요? 문장의 정확한 의미를 알아보세요.

↳ 특정한 날짜 앞에는 전치사 on을 써요.

On February 11th, 1847, / young Thomas Edison / was born.
1 _____ 어린 토마스 에디슨이 태어났다

He was / a very curious boy.
그는 ~였다 **2** _____

↳ sat은 sit(앉다)의 과거형이에요.

One day, / he sat / on an egg.
어느 날 **3** _____ 한 달걀 위에

↳ from 대신 of를 써서
come out of the egg라고 해도 돼요.

He waited / for a chick / to come out / from the egg.
그는 기다렸다 병아리 한 마리가 **4** _____ 그 달걀에서부터

Edison invented / many things.
5 _____ 많은 물건들을

He invented / more than 1,300 things.
그는 발명했다 **6** _____

There are / many famous inventions.
있다 **7** _____

↳ 여러 단어를 나열할 때는
맨 마지막 단어 앞에 and를 넣어요.

The light bulb, phonograph, car battery, and film projector /
전구, 축음기, 자동차 배터리, 그리고 영사기는

are his most famous inventions.
그의 가장 유명한 발명품들이다

Edison made / many useful things.
에디슨은 만들었다   8 _____

Grammar Point — more than

본문 쏙 **He invented more than 1,300 things.**
그는 1,300개 이상의 물건들을 발명했다.

more than은 '~보다 많이' 또는 '~ 이상'이라는 뜻으로서, 뒤에 나오는 내용보다 많다고 말할 때 사용해요. 그래서 more than 1,300 things라고 하면 '1,300개 이상의 물건들'이라고 해석하면 된답니다.

확인문제 1 I have more than ten hats.
_____

2 She cooked more than twenty dishes.
_____

Classic Story
Unit 20

Jack and the Beanstalk

Jack reached the top of the beanstalk.

There he saw a beautiful giant castle.

Jack went into the castle.

There he saw a giant having breakfast.

On the table, there were a golden hen and a golden harp.

"Lay!" said the giant.

The golden hen laid golden eggs.

"Sing!" said the giant.

The golden harp started making beautiful sounds by itself.

After the giant fell asleep, Jack took both the hen and the harp.

- **reach** ~에 이르다 - **top** 꼭대기 - **beanstalk** 콩나무 줄기 - **beautiful** 아름다운 - **castle** 성
- **golden** 금으로 된 - **harp** 하프 - **lay** 알을 낳다 - **laid** 알을 낳았다 - **by itself** 혼자 힘으로, 저절로
- **fell asleep** 잠들었다 - **took** 가지고 갔다 (take 가지고 가다)

Comprehension Check

A 문장을 읽고 옳으면 T(True), 틀리면 F(False)에 V표시를 하세요.

1. There was a giant castle at the top of the beanstalk.   T ☐   F ☐
2. The golden harp laid golden eggs.   T ☐   F ☐
3. Jack took the golden hen and the golden harp.   T ☐   F ☐

B 빈칸에 들어갈 올바른 답을 고르세요.

1. Jack reached the top of the _____.
   - ⓐ beanstalk
   - ⓑ castle
   - ⓒ roof
   - ⓓ giant

2. There he saw a giant having _____.
   - ⓐ dinner
   - ⓑ supper
   - ⓒ lunch
   - ⓓ breakfast

3. The golden harp started making beautiful sounds by _____.
   - ⓐ themselves
   - ⓑ myself
   - ⓒ itself
   - ⓓ yourself

C 알맞게 연결하여 문장을 완성하세요.

1. Jack went •   ⓐ the hen and the harp.
2. The golden hen •   ⓑ laid golden eggs.
3. Jack took both •   ⓒ into the castle.

Read and Understand

정확하게 읽기

● 잘 읽고 이해했나요? 문장의 정확한 의미를 알아보세요.

→ reach는 어떤 장소에 '이르다, 도달하다'라는 뜻이에요.

Jack reached / the top / of the beanstalk.
1 _____   꼭대기에   콩나무 줄기의

→ saw는 see(보다)의 과거형이에요.

There / he saw / a beautiful giant castle.
거기서   그는 봤다   **2** _____

→ went는 go(가다)의 과거형이에요.

Jack / went into / the castle.
잭은   들어갔다   성으로

→ ⟨saw A -ing⟩는 'A가 ~하고 있는 것을 봤다'라는 뜻이에요.

There / he saw a giant / having breakfast.
거기서   그는 거인을 봤다   **3** _____

On the table, / there were / a golden hen and a golden harp.
4 _____   있었다   금으로 된 암탉과 금으로 된 하프가

"Lay!" / said the giant.
낳아라!   거인이 말했다

The golden hen / laid golden eggs.
금으로 된 암탉은   **5** _____

"Sing!" / said the giant.
노래해라!   거인이 말했다

96

The golden harp / started / making beautiful sounds / by itself.
금으로 된 하프는   시작했다   6 _____   스스로

by itself는 '혼자 힘으로, 스스로, 저절로'라는 뜻이에요.

After / the giant fell asleep,
~한 후에   거인이 잠들었다

fall asleep은 '잠이 들다'라는 뜻이고, fell은 fall의 과거형이에요.

Jack took / both the hen and the harp.
잭은 가져갔다   7 _____

<both A and B>는 'A와 B 둘 다'라는 뜻이에요.

Grammar Point: There were

본문 속 **There were a golden hen and a golden harp.**
금으로 된 암탉과 금으로 된 하프가 있었다.

뭔가가 있다고 말할 때 한 개이면 There is, 두 개 이상이면 There are를 쓴다고 했지요. 그런데 과거에 있었다고 말하려면 각각 There was와 There were로 바꿔 줘야 해요. 여기서는 과거에 두 개가 있었다고 말하는 상황이므로 There were를 쓴 거예요.

확인문제

1 There were a lot of people in the building.

2 There was a piano in the room.

Word Puzzle

Unit 16-20

● 퍼즐을 풀며 배운 단어를 복습해 보세요. 문장을 완성하는 단어를 해당 칸에 넣어 퍼즐을 완성하세요.

정답 ▶ 별책 64쪽

Across
가로

3. _____! The dog's bone fell into the river.
4. A dog had a bone in his _____.
5. Edison waited for a chick to come out from the _____.
7. The light bulb is one of his most famous _____s.
9. Edison _____ed more than 1,300 things.
10. Being honest makes you a _____ person.
14. The golden harp started making beautiful sounds by _____.
16. The first portable mobile phone _____ed more than 800 grams.
18. The golden hen _____ golden eggs.
19. Jack reached the _____ of the beanstalk.

Down
세로

1. After the giant fell _____, Jack took both the hen and the harp.
2. Young Thomas was a very _____ boy.
6. There Jack saw a beautiful _____ castle.
8. Jack reached the top of the _____.
11. Jason's mom wasn't angry at all. She just gave Jason a _____.
12. The window is broken! Who _____ the window?
13. Jason didn't feel good. _____ he told the truth.
15. "Oh, my bone!" he cried _____.
17. He didn't know that the other dog in the water was a _____ of himself.

Learn More! 최초의 전구 발명가

스위치 한 번으로 어두운 밤을 밝힐 수 있게 해 준 전구를 발명한 사람이 누구인지 알고 있나요? 발명왕 에디슨을 떠올리겠지만, 전구를 최초로 발명한 사람은 존 웰링턴 스타예요. 그가 1844년 최초의 백열등을 개발했지만, 빛이 오래 지속되지 않았고 갑자기 꺼지기도 했어요. 에디슨은 이러한 문제를 해결하기 위해 노력하여, 1879년 40시간 동안 빛을 발하는 전구를 성공적으로 개발했어요. 1880년대에는 1,500시간까지 지속되는 전구를 만들어냈어요. 에디슨이 전구의 발전에 중요한 역할을 했기 때문에 '전구의 아버지'로 널리 알려지게 된 거예요.

기적의 직독직해: 80 words A

Key Words 160

이 책으로 160개 필수 어휘를 마스터 했어!

A
- [ ] address 주소
- [ ] alike 닮은
- [ ] almost 거의
- [ ] anymore 더 이상
- [ ] around 주위에

B
- [ ] bark 짖다
- [ ] basket 바구니
- [ ] be born 태어나다
- [ ] be built 지어지다
- [ ] be covered with ~로 덮여 있다
- [ ] be located in ~에 위치하다
- [ ] be made 만들어지다
- [ ] beautiful 아름다운
- [ ] become ~이 되다
- [ ] began 시작했다
- [ ] better 더 좋은
- [ ] billion 10억
- [ ] bone 뼈
- [ ] both 둘 다
- [ ] bother 귀찮게 하다
- [ ] brain 뇌
- [ ] breathe 숨쉬다
- [ ] brick 벽돌
- [ ] bridge 다리
- [ ] bring 가져나 주나
- [ ] broken 깨진

C
- [ ] carry 나르다
- [ ] castle 성
- [ ] character 등장인물
- [ ] chest 가슴
- [ ] chick 병아리
- [ ] circle 원형
- [ ] clean 청소하다
- [ ] climb 올라가다
- [ ] compose 작곡하다
- [ ] composer 작곡가
- [ ] control 통제하다
- [ ] cost (값이) ~이다/였다
- [ ] courage 용기
- [ ] cross 건너다
- [ ] curious 호기심이 많은

D
- [ ] danger 위험
- [ ] dead 죽은
- [ ] dip 담그다
- [ ] do the dishes 설거지하다
- [ ] drawer 서랍
- [ ] dry 건조한
- [ ] dust 먼지

E
- [ ] everywhere 어디든
- [ ] expensive 비싼

F

- famous 유명한
- February 2월
- feel 느끼다
- fell 떨어졌다
- fill (가득) 채우다
- finally 결국, 마침내
- first 맨 먼저, 첫째
- follow 따라가다
- found 발견했다

G

- galaxy 은하계
- gas 가스
- genius 천재
- giant 거대한; 거인
- give up 포기하다
- golden 금으로 된
- ground 땅바닥
- grow 자라다

H

- happen (일이) 일어나다
- hard 열심히
- heart 심장, 마음
- hide 숨다
- hive 벌집
- honest 정직한

- honey 벌꿀
- house chores 집안일
- hug 껴안다, 포옹
- hurt 다쳤다

I

- invent 발명하다
- invention 발명품

K

- keep 유지하다
- knee 무릎

L

- laid 알을 낳았다
- last 마지막으로; 지속되다
- later 후에, 나중에
- lay 알을 낳다
- leave 두고 가다
- lie 거짓말

M

- meat 고기
- mess 지저분한 상태
- minute (시간 단위의) 분
- miss 그리워하다

- mix 섞이다, 섞다
- mobile phone 휴대폰
- moist 촉촉한
- musician 음악가

N

- near ~ 가까이
- next 다음의

O

- one day 어느 날

P

- pass 전달하다
- person 사람
- picture 사진, 그림
- piece 작품
- pollen 꽃가루
- practice 연습하다
- preschool 유치원
- problem 문제

Q

- quickly 빨리

R

- reach ~에 이르다
- rectangle 직사각형
- remember 기억하다
- rich 비옥한, 부자인
- river 강
- road 도로, 길
- rough 거친

S

- sadly 슬프게
- saw 봤다
- scared 무서워하는
- shadow 그림자
- shape 모양
- side (입체의) 면
- skateboard 스케이트보드
- smile 미소 짓다
- smooth 매끄러운
- snowflake 눈송이
- soil 흙
- solve (문제를) 풀다
- sticker 스티커
- stomach 위, 배
- store 저장하다
- sure 확신하는

T

- take away 제거하다
- then 그 다음에
- thirsty 목이 마른
- throat 목구멍
- through ~을 통해
- throw 던지다
- tie 묶다
- tin 깡통
- tiny 아주 작은
- toad 두꺼비
- told 말했다
- took 가지고 갔다
- top 꼭대기
- trust 믿다
- truth 진실
- turn into ~로 변하다
- twenty 20, 스물
- twice 두 번

U

- useful 유용한
- usually 보통, 대개

V

- visit 찾아가다, 방문하다

W

- wait 기다리다
- waste 노폐물, 쓰레기
- weather 날씨
- week 일주일
- weigh 무게가 나가다
- wizard 마법사
- woods 숲, 나무
- world 세상
- worried 걱정하는

MEMO

영어 독해를 완성하는 기적 시리즈

끊어 읽기 연습으로 정확한 독해 완성하기!

기적의 직독직해

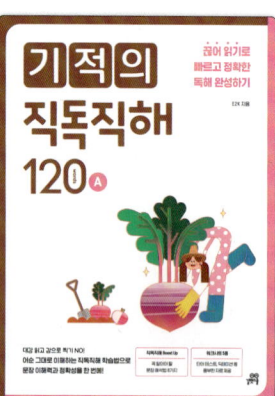

끊어 읽는 직독직해 연습으로
영어 이해력, 읽기 속도, 정확성을 동시에 키웁니다.

- 직독직해가 술술 되는 '그래머 포인트'와 '문장 해석법'
- 다양한 장르의 흥미로운 글감을 골고루!
- 단어 연습과 지문 복습을 위한 워크북 제공

전 4권 구성 | 대상: 초등 4~6학년
E2K 지음 | 각 권 168쪽 | 각 권 16,000원 | MP3, 워크시트 5종 다운로드

초등영어 핵심패턴으로 리딩 감각 키우기!

기적의 패턴리딩

반복 문형이 등장하는 지문 읽기를 통해
어휘와 문형을 자연스럽게 습득합니다.

- 반복되는 간결한 문형으로 리딩의 시작을 쉽게
- 다양한 장르의 흥미로운 글감을 골고루!
- 단어와 지문 복습을 위한 워크북 제공

전 6권 구성 | 대상: 초등 2~4학년
E2K 지음 | 각 권 140쪽 | 각 권 16,000원 | MP3, 워크시트 4종 다운로드

기적 영어 학습서

기본이 탄탄! 실전에서 척척!
유초등 필수 영어능력을 길러주는 코어 학습서

유아 영어
재미있는 액티비티가 가득한
4~6세를 위한 영어 워크북

	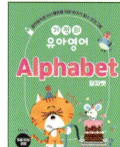		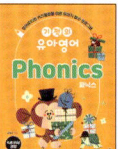
Nursery Rhymes	Alphabet	Words	Phonics
4세 이상	5세 이상	6세 이상	6세 이상

파닉스 완성 프로그램
알파벳 음가 ➡ 사이트 워드
➡ 읽기 연습까지!
리딩을 위한 탄탄한 기초 만들기

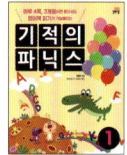		
기적의 파닉스	기적의 사이트 워드	기적의 파닉스 리딩
6세 이상 전 3권	1~3학년	1~3학년 전 3권

영어 단어
영어 실력의 가장 큰 바탕은 어휘력!
교과과정 필수 어휘 익히기

기적의 맨처음 영단어	기적의 초등 필수 영단어
1~3학년 전 2권	3학년 이상 전 2권

영어 리딩
패턴 문장 리딩으로 시작해
정확한 해석을 위한 끊어 읽기까지!
탄탄한 독해 실력 쌓기

기적의 패턴리딩 30	기적의 패턴리딩 50	기적의 직독직해 80	기적의 직독직해 120
2~3학년 전 3권	3~4학년 전 3권	4~5학년 전 2권	5~6학년 전 2권

영어 라이팅
저학년은 패턴 영작으로,
고학년은 5형식 문장 만들기 연습으로
튼튼한 영작 실력 완성

기적의 영어문장 쓰기	기적의 영어문장 만들기	기적의 문법+영작	기적의 영어 문장 트레이닝
2학년 이상 전 4권	4학년 이상 전 5권	5학년 이상 전 2권	6학년 이상

영어일기
한 줄 쓰기부터 생활일기,
주제일기까지!
영어 글쓰기 실력을 키우는 시리즈

기적의 영어일기 한줄쓰기	기적의 영어일기 생활일기	기적의 영어일기 주제일기
3학년 이상	4~5학년	5~6학년

영문법
중학 영어 대비, 영어 구사
정확성을 키워주는 영문법 학습

Light Grammar	기적의 초등 영문법	기적의 동사 변화 트레이닝
4~5학년 전 2권	5~6학년 전 3권	6학년 이상

기적의 직독직해

끊어 읽기로
빠르고 정확한
독해 완성하기

80 words A

Workbook & Answers
워크북 및 정답

길벗스쿨

기적의 직독직해 80 words A

Workbook

Unit 1 — Frogs vs. Toads

A 우리말 뜻을 쓰고, 영단어를 세 번 쓰면서 철자를 익히세요.

1	toad	두꺼비			
2	alike				
3	both				
4	grow				
5	near				
6	smooth				
7	rough				
8	dry				

B 우리말 뜻에 맞는 영단어를 써 넣으세요.

1. 건조한   d_____
2. 비슷한, 닮은   a_____
3. 두꺼비   t_____
4. 자라다   g_____
5. 둘 다   b_____
6. 거친   r_____
7. ~ 가까이   n_____
8. 매끄러운   s_____

C 지문을 다시 읽으며 올바른 단어에 동그라미 하세요.

Title:

Frogs and toads look **1**(like / alike).

Both grow **2**(to / from) tadpoles.

But they are **3**(same / different) animals.

Frogs need to **4**(life / live) near water.

But toads don't need to live **5**(near / hear) water.

Frogs have smooth **6**(and / or) moist skin.

But toads have **7**(smooth / rough) and dry skin.

Frogs **8**(have / has) long hind legs for jumping.

But toads have short hind legs **9**(to / for) walking.

Unit 2 My Old Desk

A 우리말 뜻을 쓰고, 영단어를 세 번 쓰면서 철자를 익히세요.

1	drawer	서랍			
2	one day				
3	found				
4	picture				
5	remember				
6	preschool				
7	anymore				
8	miss				

B 우리말 뜻에 맞는 영단어를 써 넣으세요.

1 사진, 그림   p_____   2 기억하다   r_____

3 어느 날   o_____   4 더 이상   a_____

5 발견했다   f_____   6 유치원   p_____

7 그리워하다 m_____   8 서랍   d_____

C 지문을 다시 읽으며 올바른 단어에 동그라미 하세요.

Title:

I have **1**(a / an) old desk in my room.

It's **2**(brown / blown). It's not big.

It has **3**(too / two) small drawers.

I study **4**(at / in) my desk every day.

One day, I **5**(finded / found) an old picture under my desk.

It was a picture **6**(on / of) my old friend Betty and me.

I **7**(forget / remember) Betty.

She was my **8**(preschool / school) friend.

I don't see Betty **9**(every day / anymore).

I **10**(miss / mess) my old friend Betty.

Unit 3 Earthworm

A 우리말 뜻을 쓰고, 영단어를 세 번 쓰면서 철자를 익히세요.

1	bone	뼈		
2	be covered with			
3	tiny			
4	breathe			
5	through			
6	keep			
7	soil			
8	rich			

B 우리말 뜻에 맞는 영단어를 써 넣으세요.

1 유지하다   k_____   2 ~을 통해   t_____

3 숨쉬다   b_____   4 비옥한, 부자인 r_____

5 아주 작은   t_____   6 뼈   b_____

7 ~로 덮여 있다 b_____   8 흙   s_____

C 지문을 다시 읽으며 올바른 단어에 동그라미 하세요.

Title:

This animal has **1**(not / no) arms, legs, or bones.

This animal has a **2**(rough / soft) body.

Its body is **3**(covered / covering) with tiny hairs.

The hairs help it **4**(move / eat).

This animal breathes through its **5**(skin / hairs).

It must keep **6**(moist / dry) all the time.

This animal can **7**(wiggle / wriggle).

This animal eats its poop.

Its poop makes soil **8**(rich / poor).

9(It's / Its) poop makes the best soil.

This animal **10**(calls / is called) an earthworm.

Unit 4 — Gulliver's Travels

A 우리말 뜻을 쓰고, 영단어를 세 번 쓰면서 철자를 익히세요.

#	영단어	우리말 뜻			
1	around	주위에			
2	tie				
3	ground				
4	scared				
5	thirsty				
6	bring				
7	basket				
8	meat				

B 우리말 뜻에 맞는 영단어를 써 넣으세요.

1. 바구니 — b_____
2. 묶다 — t_____
3. 가져다 주다 — b_____
4. 고기 — m_____
5. 땅바닥 — g_____
6. 주위에 — a_____
7. 무서워하는 — s_____
8. 목이 마른 — t_____

8 기적의 직독직해: 80 words A

C 지문을 다시 읽으며 올바른 단어에 동그라미 하세요.

Title:

1(Because / When) Gulliver wakes up, he can't move.

He only sees tiny people **2**(round / around) him.

He sees tiny people **3**(on / under) his body.

They are about six inches **4**(low / high).

They are **5**(real / really) tiny people.

The people **6**(tied / tieed) Gulliver's body and his hair to the ground.

Gulliver stands up. The people are **7**(scared / scary).

Gulliver is hungry and **8**(sad / thirsty).

He wants food and **9**(drink / drunk).

The people **10**(bring / take) him three big baskets of meat, ten loaves of bread, and two barrels of water.

Unit 5 Snowflakes

A 우리말 뜻을 쓰고, 영단어를 세 번 쓰면서 철자를 익히세요.

1	weather	날씨			
2	snowflake				
3	shape				
4	circle				
5	rectangle				
6	side				
7	next				
8	feel				

B 우리말 뜻에 맞는 영단어를 써 넣으세요.

1 모양   s_____
2 눈송이   s_____
3 느끼다   f_____
4 (입체의) 면   s_____
5 날씨   w_____
6 다음의   n_____
7 원형   c_____
8 직사각형   r_____

C 지문을 다시 읽으며 올바른 단어에 동그라미 하세요.

Title:

We can see snow **1**(when / how) the weather is cold.

Snowflakes are made **2**(in / up) of ice.

A snowflake starts out very small and it grows **3**(smaller / bigger).

What **4**(color / shape) is a snowflake?

Is it a circle? Is it a rectangle?

No. A snowflake is a **5**(square / hexagon).

It has **6**(five / six) sides.

But snowflakes don't look **7**(the same / different).

They all look **8**(the same / different).

9(Next / First) time you see a snowflake,

feel how cold it is and see **10**(if / that) it is a hexagon.

Unit 6 My Little Brother

A 우리말 뜻을 쓰고, 영단어를 세 번 쓰면서 철자를 익히세요.

1	follow	따라가다			
2	everywhere				
3	mess				
4	bother				
5	smile				
6	person				
7	world				
8	hug				

B 우리말 뜻에 맞는 영단어를 써 넣으세요.

1 사람   p_____   2 미소 짓다   s_____

3 어디든   e_____   4 지저분한 상태   m_____

5 세상   w_____   6 껴안다   h_____

7 귀찮게 하다   b_____   8 따라가다   f_____

C 지문을 다시 읽으며 올바른 단어에 동그라미 하세요.

Title:

I have a little **1**(sister / brother), Ben.

He is 7 years old.

He follows me **2**(everywhere / anywhere).

He makes a **3**(mass / mess) all the time.

He **4**(bother / bothers) me all the time.

I really don't like my little brother.

One day, Ben **5**(brings / takes) a picture from school.

He gives **6**(my / me) the picture.

It is a picture of me **7**(smile / smiling).

It says, "The Best **8**(People / Person) in the World."

I **9**(follow / hug) my brother.

"You are the best brother in the **10**(world / word)."

Unit 7 Bees and Honey

A 우리말 뜻을 쓰고, 영단어를 세 번 쓰면서 철자를 익히세요.

#	영단어	우리말 뜻			
1	visit	방문하다			
2	store				
3	stomach				
4	hive				
5	pass				
6	turn into				
7	honey				
8	carry				

B 우리말 뜻에 맞는 영단어를 써 넣으세요.

1 전달하다 p_____
2 위, 배 s_____
3 ~로 변하다 t_____
4 벌꿀 h_____
5 저장하다 s_____
6 벌집 h_____
7 방문하다 v_____
8 나르다 c_____

C 지문을 다시 읽으며 올바른 단어에 동그라미 하세요.

Title:

Bees fly **1**(for / from) flower to flower.

Bees can visit **2**(about / just) 5,000 flowers in a day.

Bees drink **3**(juice / nectar) from the flowers.

They store it in their **4**(stomachs / noses).

They fly to their **5**(nest / hive) and pass it to other bees.

The nectar gradually turns **6**(in / into) honey.

Bees fly around the flowers and move **7**(pollen / nectar) to other flowers.

Bees carry pollen with their **8**(wings / legs).

This is **9**(calling / called) pollination.

Pollination makes **10**(most / more) flowers.

Unit 8 A Bear and Two Friends

A 우리말 뜻을 쓰고, 영단어를 세 번 쓰면서 철자를 익히세요.

1	woods	숲, 나무			
2	quickly				
3	climb				
4	hide				
5	dead				
6	told				
7	trust				
8	leave				

B 우리말 뜻에 맞는 영단어를 써 넣으세요.

1 믿다   t_____
2 숲, 나무   w_____

3 죽은   d_____
4 말했다   t_____

5 빨리   q_____
6 올라가다   c_____

7 두고 가다   l_____
8 숨다   h_____

C 지문을 다시 읽으며 올바른 단어에 동그라미 하세요.

Title:

Ian and Evan are friends.

They see a **1**(beer / bear) in the woods.

Ian **2**(quickly / quick) climbs a tree and hides.

But Evan cannot **3**(climb / climbs) the tree.

He plays **4**(die / dead) on the ground.

The bear **5**(shouts / whispers) something to Evan and walks away.

Ian **6**(comes / come) down from the tree.

"**7**(What / Why) did the bear say?"

"He told me **8**(to trust / not to trust) a person who **9**(helps / leaves) a friend in danger."

Unit 9 Mozart

A 우리말 뜻을 쓰고, 영단어를 세 번 쓰면서 철자를 익히세요.

#	단어	뜻			
1	genius	천재			
2	musician				
3	began				
4	compose				
5	famous				
6	composer				
7	piece				
8	almost				

B 우리말 뜻에 맞는 영단어를 써 넣으세요.

1 유명한   f_____   2 천재   g_____

3 음악가   m_____   4 시작했다   b_____

5 작곡하다   c_____   6 거의   a_____

7 작품   p_____   8 작곡가   c_____

18 기적의 직독직해: 80 words A

C 지문을 다시 읽으며 올바른 단어에 동그라미 하세요.

Title:

Mozart was a genius **1**(magician / musician).

He **2**(began / begined) playing the piano **3**(and / but) composing music at five.

He could play **4**(a / the) violin, too.

Mozart was a **5**(famous / funny) composer.

He composed **6**(just / over) 600 pieces of music.

Today people like Mozart's music very much.

Do you know the song "Twinkle, Twinkle Little Star"?

Mozart **7**(composer / composed) this song.

This is a very famous song for **8**(adult / children).

Almost every **9**(child / children) knows this song.

Unit 10 — Don't Give Up

A 우리말 뜻을 쓰고, 영단어를 세 번 쓰면서 철자를 익히세요.

#	영단어	우리말 뜻			
1	worried	걱정하는			
2	hurt				
3	knee				
4	player				
5	give up				
6	practice				
7	hard				
8	sure				

B 우리말 뜻에 맞는 영단어를 써 넣으세요.

1 무릎 k_____
2 열심히 h_____
3 확신하는 s_____
4 연습하다 p_____
5 걱정하는 w_____
6 선수 p_____
7 다쳤다 h_____
8 포기하다 g_____

C 지문을 다시 읽으며 올바른 단어에 동그라미 하세요.

Title:

Mike is worried **1**(on / about) the baseball game **2**(this / next) Sunday.

"I don't think we can play our next game," Mike says to his coach.

"Luke **3**(hurt / hurted) his knee, and Andy is in **4**(bed / bad) with a **5**(bed / bad) cold.

They're the best **6**(plays / players) on the team.

Our team will **7**(win / lose) without them."

"Don't give **8**(up / down).

We practiced **9**(hard / hardly) for this game.

I'm sure we will **10**(win / lose)!" answers his coach.

Unit 11 How Birds Drink Water

A 우리말 뜻을 쓰고, 영단어를 세 번 쓰면서 철자를 익히세요.

1	twice	두 번			
2	first				
3	dip				
4	fill				
5	then				
6	throw				
7	last				
8	throat				

B 우리말 뜻에 맞는 영단어를 써 넣으세요.

1 담그다   d_____
2 맨 먼저   f_____
3 채우다   f_____
4 마지막으로   l_____
5 던지다   t_____
6 그 다음에   t_____
7 두 번   t_____
8 목구멍   t_____

C 지문을 다시 읽으며 올바른 단어에 동그라미 하세요.

Title:

Birds need water to **1**(live / life).

They **2**(drinks / drink) water every day.

Most small birds need to drink water at least **3**(two / twice) a day.

Do you know **4**(where / how) birds drink water?

Do they drink water **5**(like / with) us?

No, they don't.

6(First / Next), a bird dips its bill into the water.

7(First / Next), the bird fills its bill with water.

8(Than / Then), the bird throws its head back.

Last, the water goes into **9**(its / it's) throat.

This is **10**(what / how) a bird drinks water.

Unit 12 The Wizard of Oz

A 우리말 뜻을 쓰고, 영단어를 세 번 쓰면서 철자를 익히세요.

1	wizard	마법사			
2	brick				
3	road				
4	character				
5	brain				
6	tin				
7	heart				
8	courage				

B 우리말 뜻에 맞는 영단어를 써 넣으세요.

1 마법사   w_____
2 뇌   b_____
3 깡통   t_____
4 용기   c_____
5 심장, 마음   h_____
6 등장인물   c_____
7 벽돌   b_____
8 도로, 길   r_____

C 지문을 다시 읽으며 올바른 단어에 동그라미 하세요.

Title:

Dorothy wants to go **1**(home / house).

The Wizard of Oz can help **2**(him / her).

The Wizard of Oz **3**(lives / leaves) in the Emerald City.

Dorothy and her dog, Toto, follow the yellow brick **4**(rode / road).

5(Under / On) the way to the Emerald City, Dorothy meets three characters:

a scarecrow who needs a **6**(heart / brain),

a tin man who needs a **7**(heart / brain),

and a lion **8**(why / who) needs courage.

They all want to **9**(meat / meet) the Wizard of Oz.

The Wizard of Oz can help **10**(they / them).

Unit 13 Heart and Brain

A 우리말 뜻을 쓰고, 영단어를 세 번 쓰면서 철자를 익히세요.

1	address	주소			
2	solve				
3	problem				
4	control				
5	be located in				
6	chest				
7	take away				
8	waste				

B 우리말 뜻에 맞는 영단어를 써 넣으세요.

1 제거하다   t_____
2 주소   a_____
3 통제하다   c_____
4 (문제를) 풀다 s_____
5 가슴   c_____
6 노폐물, 쓰레기 w_____
7 문제   p_____
8 ~에 위치하다 b_____

Workbook

C 지문을 다시 읽으며 올바른 단어에 동그라미 하세요.

Title:

How do you remember your **1**(address / dress)?

How can you solve math **2**(practice / problems)?

Your brain does these things.

The brain **3**(control / controls) your body.

The **4**(right / left) brain helps you with music, shapes, and colors.

The **5**(right / left) brain helps you **6**(on / with) math, logic, and speech.

Your heart is located **7**(in / of) the left side of your chest.

It sends blood **8**(around / away) your body.

The blood **9**(carrys / carries) oxygen and nutrients.

It also takes **10**(around / away) waste.

Unit 14 A New Skateboard

A 우리말 뜻을 쓰고, 영단어를 세 번 쓰면서 철자를 익히세요.

1	skateboard	스케이트보드			
2	house chores				
3	sticker				
4	twenty				
5	do the dishes				
6	clean				
7	week				
8	later				

B 우리말 뜻에 맞는 영단어를 써 넣으세요.

1 청소하다   c_____   2 설거지하다   d_____

3 스케이트보드 s_____   4 후에, 나중에 l_____

5 일주일   w_____   6 20, 스물   t_____

7 스티커   s_____   8 집안일   h_____

C 지문을 다시 읽으며 올바른 단어에 동그라미 하세요.

Title:

"Mom, I want a **1**(new / old) skateboard."

"**2**(Why / How) about this?

3(Because / If) you do house chores for me, I will give you a sticker.

When you get **4**(twelve / twenty) stickers, I'll buy you a skateboard."

Henry did some house chores every day.

He did the **5**(dish / dishes) and cleaned the house.

A week **6**(later / after), he had twenty stickers.

"Well **7**(do / done), Henry. This skateboard is **8**(your / yours)."

Henry worked hard to get **9**(when / what) he wanted.

Unit 15 Facts About Stars

A 우리말 뜻을 쓰고, 영단어를 세 번 쓰면서 철자를 익히세요.

1	galaxy	은하계			
2	billion				
3	usually				
4	giant				
5	gas				
6	dust				
7	mix				
8	become				

B 우리말 뜻에 맞는 영단어를 써 넣으세요.

1 가스   g_____
2 섞이다, 섞다   m_____
3 10억   b_____
4 ~이 되다   b_____
5 먼지   d_____
6 은하계   g_____
7 거대한; 거인   g_____
8 보통, 대개   u_____

C 지문을 다시 읽으며 올바른 단어에 동그라미 하세요.

Title:

Do you know how **1**(many / much) stars are in our galaxy?

There are about 200 to 400 **2**(million / billion) stars in our galaxy.

Do you know **3**(what / how) old stars are?

They are **4**(usually / sometimes) about 1 to 10 billion years old.

They are very, very old.

A star is a **5**(giant / tiny) ball of gas.

Dust and gas mix together, and this mixture **6**(get / gets) bigger and bigger.

When it gets big and hot, it **7**(comes / becomes) a star.

This is **8**(why / when) a star is a giant ball of gas.

Unit 16 The Dog and the Shadow

A 우리말 뜻을 쓰고, 영단어를 세 번 쓰면서 철자를 익히세요.

1 cross	건너다			
2 bridge				
3 river				
4 saw				
5 bark				
6 fell				
7 sadly				
8 shadow				

B 우리말 뜻에 맞는 영단어를 써 넣으세요.

1 강   r_____
2 떨어졌다   f_____
3 건너다   c_____
4 봤다   s_____
5 짖다   b_____
6 그림자   s_____
7 다리   b_____
8 슬프게   s_____

Workbook

C 지문을 다시 읽으며 올바른 단어에 동그라미 하세요.

Title:

A dog was **1**(cross / crossing) a bridge.

He had a bone in his **2**(mouth / mouse).

He looked down into the **3**(liver / river).

He saw a dog **4**(carrying / carried) a bone in its mouth.

"I **5**(want / wants) that bone too!"

So he barked **6**(at / for) the dog in the water.

Splash!

His bone **7**(fell / falled) into the river.

"Oh, my bone!" he cried **8**(sad / sadly).

He didn't know that the other dog in the water was a shadow of **9**(himself / herself).

Unit 17 The First Mobile Phone

A 우리말 뜻을 쓰고, 영단어를 세 번 쓰면서 철자를 익히세요.

1	mobile phone	휴대폰			
2	be built				
3	be made				
4	weigh				
5	last				
6	minute				
7	expensive				
8	cost				

B 우리말 뜻에 맞는 영단어를 써 넣으세요.

1 휴대폰　　　m_____　　2 (값이) ~이다/였다　c_____

3 지어지다　　b_____　　4 만들어지다　　b_____

5 (시간 단위) 분　m_____　　6 무게가 나가다　w_____

7 지속되다　　l_____　　8 비싼　　e_____

C 지문을 다시 읽으며 올바른 단어에 동그라미 하세요.

Title:

In the 1950s, people couldn't carry mobile phones in **1**(their / theirs) hands.

Mobile phones were first **2**(build / built) into cars.

They were **3**(connect / connected) to cars.

They were large and **4**(heavy / light).

The first portable mobile phone was **5**(make / made) in 1973.

It **6**(weights / weighed) more than 800 grams.

The battery **7**(lasted / lived) about eighteen minutes.

It was about twenty-five centimeters **8**(low / high).

The mobile phone was very **9**(cheap / expensive).

In the USA in 1984, it **10**(cost / costed) $3,995.

Unit 18 Being Honest

A 우리말 뜻을 쓰고, 영단어를 세 번 쓰면서 철자를 익히세요.

1	broken	깨진			
2	happen				
3	finally				
4	truth				
5	lie				
6	hug				
7	honest				
8	better				

B 우리말 뜻에 맞는 영단어를 써 넣으세요.

1 거짓말   l_____
2 진실   t_____
3 결국, 마침내   f_____
4 깨진   b_____
5 포옹   h_____
6 (일이) 일어나다   h_____
7 정직한   h_____
8 더 좋은   b_____

C 지문을 다시 읽으며 올바른 단어에 동그라미 하세요.

Title:

Jason's mom found a **1**(broke / broken) window in the living room.

"Oh no! The window is broken! What happened? Who **2**(broke / break) the window?"

"I don't know, Mom. I was **3**(play / playing) a computer game in my room."

Jason kept **4**(play / playing) the game. But he didn't **5**(felt / feel) good. Finally he told the **6**(truth / lie).

"I am sorry, Mom. I told a **7**(truth / lie). I broke the window."

His mom **8**(was / wasn't) angry at all. She just gave Jason a **9**(hug / mug).

"**10**(Being / Be) honest makes you a better person, Jason."

Unit 19 Thomas Edison

A 우리말 뜻을 쓰고, 영단어를 세 번 쓰면서 철자를 익히세요.

1	February	2월			
2	be born				
3	curious				
4	wait				
5	chick				
6	invent				
7	invention				
8	useful				

B 우리말 뜻에 맞는 영단어를 써 넣으세요.

1 호기심이 많은   c_____   2 2월   F_____

3 병아리   c_____   4 발명하다   i_____

5 유용한   u_____   6 기다리다   w_____

7 태어나다   b_____   8 발명품   i_____

38 기적의 직독직해: 80 words A

Workbook

C 지문을 다시 읽으며 올바른 단어에 동그라미 하세요.

Title:

1(At / On) February 11th, 1847, young Thomas Edison was born.

He was a very **2**(lazy / curious) boy.

One day, he sat on **3**(a / an) egg.

He waited for a **4**(chick / chicken) to come out from the egg.

Edison invented many **5**(thing / things).

He invented **6**(more / less) than 1,300 things.

There **7**(is / are) many famous inventions.

The light bulb, phonograph, car battery, and film projector are his **8**(more / most) famous inventions.

Edison made many **9**(harmful / useful) things.

Unit 20 Jack and the Beanstalk

A 우리말 뜻을 쓰고, 영단어를 세 번 쓰면서 철자를 익히세요.

1 reach	~에 이르다			
2 top				
3 beautiful				
4 castle				
5 golden				
6 lay				
7 laid				
8 took				

B 우리말 뜻에 맞는 영단어를 써 넣으세요.

1 꼭대기   t_____

2 알을 낳다   l_____

3 금으로 된   g_____

4 ~에 이르다   r_____

5 성   c_____

6 아름다운   b_____

7 알을 낳았다   l_____

8 가지고 갔다   t_____

C 지문을 다시 읽으며 올바른 단어에 동그라미 하세요.

Title:

Jack **1**(reached / reach) the top of the beanstalk.

There he saw a beautiful giant **2**(cage / castle).

Jack went into the castle.

There he saw a **3**(man / giant) having breakfast.

On the table, there **4**(was / were) a golden hen and a golden harp.

"**5**(Lay / Sing)!" said the giant.

The golden hen **6**(lay / laid) golden eggs.

"**7**(Lay / Sing)!" said the giant.

The golden harp started making beautiful sounds **8**(on / by) itself.

After the giant fell **9**(sleeping / asleep),

Jack took **10**(two / both) the hen and the harp.

기적의 직독직해

80 words A

Answers

Unit 1 Frogs vs. Toads | 개구리 대 두꺼비

개구리와 두꺼비는 닮았어요.
둘 다 올챙이에서 자라요.
하지만 그들은 다른 동물이에요.

개구리는 물가에서 살아야 해요.
하지만 두꺼비는 물가에서 살지 않아도 돼요.

개구리는 매끄럽고 촉촉한 피부를 가졌어요.
하지만 두꺼비는 거칠고 건조한 피부를 가졌어요.

개구리는 뛰어오르기 위해 긴 뒷다리를 가졌어요.
하지만 두꺼비는 걷기 위해 짧은 뒷다리를 가졌어요.

Comprehension Check 13쪽

A
1. T 개구리와 두꺼비는 올챙이에서 자라요.
2. F 개구리와 두꺼비는 물가에서 살아야 해요.
3. F 두꺼비는 뛰어오르기 위해 긴 뒷다리를 가졌어요.

B
1. ⓓ 개구리와 두꺼비는 닮았어요.
   ⓐ 다른 ⓑ 못생긴 ⓒ 재미있는
2. ⓐ 두꺼비는 물가에서 살지 않아도 돼요.
   ⓑ 사막 ⓒ 땅, 육지 ⓓ 산
3. ⓒ 개구리는 매끄럽고 촉촉한 피부를 가졌어요.
   ⓐ 건조한 ⓑ 거친 ⓓ 억센, 거친

C
1. ⓒ 개구리는 물가에서 살아야 해요.
2. ⓑ 두꺼비는 거칠고 건조한 피부를 가졌어요.
3. ⓐ 개구리는 긴 뒷다리를 가졌어요.

Read and Understand 14쪽

1. 닮았다
2. 둘 다 자란다
3. 물 가까이에서(물가에서)
4. 두꺼비는 필요하지 않다

5. 매끄럽고 촉촉한 피부를
6. 거칠고 건조한 피부를
7. 긴 뒷다리를
8. 걷기 위해

Grammar Point 15쪽

1. 나는 서울에서 살아야 한다.
2. 그녀는 그녀의 할머니를 방문해야 한다.

Workbook

A
1. 두꺼비 2. 비슷한, 닮은
3. 둘 다 4. 자라다
5. ~ 가까이 6. 매끄러운
7. 거친 8. 건조한

B
1. dry 2. alike
3. toad 4. grow
5. both 6. rough
7. near 8. smooth

C
Title: Frogs vs. Toads
1. alike
2. from
3. different
4. live
5. near
6. and
7. rough
8. have
9. for

Unit 2 My Old Desk | 나의 오래된 책상

나는 내 방에 오래된 책상을 가지고 있어요.
그것은 갈색이에요. 그것은 크지 않아요.
그것은 작은 서랍 두 개를 가지고 있어요.
나는 매일 내 책상에서 공부해요.

어느 날, 나는 내 책상 아래에서 오래된 사진 한 장을 발견했어요.
그것은 나의 옛 친구인 베티와 나의 사진이었어요.
나는 베티를 기억해요.
그녀는 나의 유치원 친구였어요.
나는 더 이상 베티를 보지 않아요.
나는 나의 옛 친구 베티가 그리워요.

6. 나는 기억한다
7. 나의 유치원 친구
8. 나는 그리워한다

Grammar Point — 19쪽

1. 이것은 우리 엄마의 사진이다.
2. 그는 그 팀의 멤버이다.

Comprehension Check — 17쪽

A
1. F 나는 내 방에 새 책상을 가지고 있어요.
2. T 내 책상은 작은 서랍 두 개를 가지고 있어요.
3. F 나는 내 의자 아래에서 오래된 사진 한 장을 발견했어요.

B
1. ⓑ 내 오래된 책상은 갈색이에요.
   ⓐ 매우 큰 ⓒ 새로운 ⓓ 검은
2. ⓒ 나는 내 책상 아래에서 오래된 사진 한 장을 발견했어요.
   ⓐ 우표 ⓑ 지우개 ⓓ 핀
3. ⓓ 베티는 나의 유치원 친구였어요.
   ⓐ 첫 번째의 ⓑ 초등학교 ⓒ 새로운

C
1. ⓑ 나는 매일 내 책상에서 공부해요.
2. ⓒ 그것은 나의 옛 친구인 베티와 나의 사진이었어요.
3. ⓐ 나는 더 이상 베티를 보지 않아요.

Read and Understand — 18쪽

1. 오래된 책상을
2. 작은 서랍 두 개를
3. 내 책상에서
4. 나는 발견했다
5. 나의 옛 친구인 베티와 나의

Workbook

A
1. 서랍
2. 어느 날
3. 발견했다
4. 사진, 그림
5. 기억하다
6. 유치원
7. 더 이상
8. 그리워하다

B
1. picture
2. remember
3. one day
4. anymore
5. found
6. preschool
7. miss
8. drawer

C
Title: My Old Desk
1. an
2. brown
3. two
4. at
5. found
6. of
7. remember
8. preschool
9. anymore
10. miss

Unit 3 Earthworm | 지렁이

이 동물은 팔도 다리도 뼈도 가지고 있지 않아요.
이 동물은 부드러운 몸을 가지고 있어요.
이것의 몸은 아주 작은 털들로 덮여 있어요.
그 털들은 이것이 움직이게 도와줘요.
이 동물은 자신의 피부를 통해 숨을 쉬어요.
이것은 항상 촉촉한 상태를 유지해야 해요.

이 동물은 꿈틀거릴 수 있어요.
이 동물은 자신의 배설물을 먹어요.
이것의 배설물은 흙을 비옥하게 만들어요.
이것의 배설물은 가장 좋은 흙을 만들어요.

이 동물은 지렁이라고 불려요.

Comprehension Check 21쪽

A
1. F 지렁이는 팔도 다리도 몸도 가지고 있지 않아요.
2. T 이 동물은 자신의 피부를 통해 숨을 쉬어요.
3. T 이것의 배설물은 흙을 비옥하게 만들어요.

B
1. ⓑ 이것의 몸은 아주 작은 털들로 덮여 있어요.
   ⓐ 팔 ⓒ 다리 ⓓ 뼈
2. ⓐ 이 동물은 꿈틀거릴 수 있어요.
   ⓑ 걷다 ⓒ 수영하다 ⓓ 달리다
3. ⓓ 이 동물은 자신의 배설물을 먹어요.
   ⓐ 팔 ⓑ 피부 ⓒ 뼈

C
1. ⓒ 이 동물은 부드러운 몸을 가지고 있어요.
2. ⓐ 이것은 항상 촉촉한 상태를 유지해야 해요.
3. ⓑ 이것의 배설물은 가장 좋은 흙을 만들어요.

Read and Understand 22쪽

1. 부드러운 몸을
2. 덮여 있다
3. 그것이 움직이게
4. 그것의 피부를 통해
5. 그것은 유지해야 한다
6. 꿈틀거릴 수 있다
7. 흙을 비옥하게
8. 불린다

Grammar Point 23쪽

1. 그는 사람들을 행복하게 만든다.
2. 그 냄새는 우리를 배고프게 만든다.

Workbook

A
1. 뼈
2. ~로 덮여 있다
3. 아주 작은
4. 숨쉬다
5. ~을 통해
6. 유지하다
7. 흙
8. 비옥한, 부자인

B
1. keep
2. through
3. breathe
4. rich
5. tiny
6. bone
7. be covered with
8. soil

C
Title: Earthworm
1. no
2. soft
3. covered
4. move
5. skin
6. moist
7. wriggle
8. rich
9. Its
10. is called

Unit 4 Gulliver's Travels | 걸리버의 여행

걸리버는 깨어날 때 움직일 수가 없어요.
그는 그의 주위에 아주 작은 사람들만 보여요.
그는 그의 몸 위에 아주 작은 사람들이 보여요.
그들은 키가 약 6인치 정도예요.
그들은 정말 아주 작은 사람들이에요.
그 사람들이 걸리버의 몸과 머리카락을 땅에 묶어 놨어요.

걸리버는 일어서요. 그 사람들은 무서워해요.
걸리버는 배가 고프고 목이 말라요.
그는 음식과 마실 것을 원해요.
그 사람들은 그에게 큰 고기 바구니 3개, 빵 덩어리 10개,
그리고 큰 물통 2개를 가져다 줘요.

Comprehension Check 25쪽

A
1. T 걸리버는 그의 몸을 움직일 수가 없어요.
2. F 걸리버는 키가 약 6인치 정도예요.
3. F 걸리버는 아주 작은 사람들을 무서워해요.

B
1. ⓓ 걸리버는 그의 주위에 있는 아주 작은 사람들이 보여요.
   ⓐ 키가 큰 ⓑ 거대한 ⓒ 큰
2. ⓐ 사람들은 걸리버의 몸과 머리카락을 땅에 묶어 놨어요.
   ⓑ 몸, 머리 ⓒ 머리카락, 목 ⓓ 머리, 목
3. ⓑ 사람들은 그에게 빵 덩어리 10개와 큰 물통 2개를 가져다 줘요.
   ⓐ 한 덩이, 한 통 ⓒ 바구니들, 컵들
   ⓓ 덩어리들, 컵들

C
1. ⓑ 그는 그의 몸 위에 아주 작은 사람들이 보여요.
2. ⓐ 그들은 키가 약 6인치 정도예요.
3. ⓒ 그는 음식과 마실 것을 원해요.

Read and Understand 26쪽

1. 그는 움직일 수가 없다
2. 그의 주위에

3. 키가 약 6인치 정도인
4. 걸리버의 몸과 머리카락을
5. 그 사람들은 무서워한다
6. 배가 고프고 목이 마른
7. 큰 고기 바구니 3개
8. 식빵 덩어리 10개

Grammar Point 27쪽

1. 눈이 올 때 나는 벙어리장갑을 낀다.
2. 그녀는 외로울 때 그녀의 엄마에게 전화를 한다.

Workbook

A
1. 주위에
2. 묶다
3. 땅바닥
4. 무서워하는
5. 목이 마른
6. 가져다 주다
7. 바구니
8. 고기

B
1. basket
2. tie
3. bring
4. meat
5. ground
6. around
7. scared
8. thirsty

C
Title: Gulliver's Travels
1. When
2. around
3. on
4. high
5. really
6. tied
7. scared
8. thirsty
9. drink
10. bring

Unit 5 Snowflakes | 눈송이

날씨가 추울 때 우리는 눈을 볼 수 있어요.
눈송이들은 얼음으로 이루어져요.
눈송이는 아주 작게 시작해서 점점 더 커져요.

눈송이는 무슨 모양일까요?
그것은 원형일까요? 그것은 직사각형일까요?
아니요. 눈송이는 육각형이에요.
그것은 여섯 면을 가지고 있어요.
하지만 눈송이들은 똑같아 보이지 않아요.
그것들은 모두 달라 보여요.

다음에 당신이 눈송이를 보면, 그것이 얼마나 차가운지 느껴 보고, 그것이 육각형인지 살펴보세요.

4. 무슨 모양일까?
5. 그것은 직사각형일까?
6. 여섯 면을
7. 달라 보인다
8. 그것이 얼마나 차가운지

Grammar Point — 31쪽

1. 그 풍선은 점점 더 커진다.
2. 나의 눈사람은 점점 더 작아진다.

Comprehension Check — 29쪽

A
1. T 눈송이들은 얼음으로 이루어져요.
2. F 눈송이는 직사각형이에요.
3. F 눈송이들은 똑같아 보여요.

B
1. ⓑ 눈송이는 아주 작게 시작해서 점점 더 커져요.
   ⓐ 더 작은 ⓒ 가장 큰 ⓓ 아주 작은
2. ⓒ 눈송이는 여섯 면을 가지고 있어요.
   ⓐ 넷 ⓑ 다섯 ⓓ 일곱
3. ⓓ 눈송이들은 모두 달라 보여요.
   ⓐ 똑같은 ⓑ 재미있는 ⓒ 큰

C
1. ⓒ 날씨가 추울 때 우리는 눈을 볼 수 있어요.
2. ⓐ 눈송이들은 얼음으로 이루어져요.
3. ⓑ 눈송이들은 똑같아 보이지 않아요.

Read and Understand — 30쪽

1. 날씨가 추울 때
2. 이루어진다
3. 눈송이는 시작한다

Workbook

A
1. 날씨   2. 눈송이
3. 모양   4. 원형
5. 직사각형   6. (입체의) 면
7. 다음의   8. 느끼다

B
1. shape   2. snowflake
3. feel   4. side
5. weather   6. next
7. circle   8. rectangle

C
Title: Snowflakes
1. when
2. up
3. bigger
4. shape
5. hexagon
6. six
7. the same
8. different
9. Next
10. if

Unit 6 My Little Brother | 내 남동생

나는 남동생 벤이 있어요.
그는 일곱 살이에요.
그는 나를 어디든 따라다녀요.
그는 항상 어질러요.
그는 항상 나를 귀찮게 해요.
나는 나의 남동생을 정말 좋아하지 않아요.

어느 날, 벤이 학교에서 그림을 가져와요.
그는 그 그림을 나에게 줘요.
그것은 내가 미소 짓고 있는 그림이에요.
거기에는 "세상에서 가장 좋은 사람"이라고 써 있어요.
나는 나의 남동생을 껴안아요.
"너는 세상에서 가장 좋은 남동생이야."

Comprehension Check — 35쪽

A
1. T 벤은 7살이에요. 그는 나의 남동생이에요.
2. F 나는 내 남동생을 항상 따라다녀요.
3. F 벤은 내게 자신을 그린 그림을 줘요.

B
1. ⓑ 벤은 항상 어질러요.
   ⓐ 그림 ⓒ 장난감 ⓓ 침대
2. ⓓ 벤은 항상 나를 귀찮게 해요.
   ⓐ 어디에서나 ⓑ 때때로 ⓒ 오늘
3. ⓒ 너는 세상에서 가장 좋은 남동생이야.
   ⓐ 집 ⓑ 가족 ⓓ 학교

C
1. ⓒ 그는 나를 어디든 따라다녀요.
2. ⓑ 그는 그 그림을 나에게 줘요.
3. ⓐ 그것은 내가 미소 짓고 있는 그림이에요.

Read and Understand — 36쪽

1. 그는 나를 따라다닌다
2. 항상
3. 그는 나를 귀찮게 한다
4. 벤이 가져온다
5. 미소 짓고 있는
6. 가장 좋은 사람
7. 나는 껴안는다
8. 세상에서

Grammar Point — 37쪽

1. 그녀는 나에게 약간의 돈을 준다.
2. 나는 그에게 사탕을 줬다.

Workbook

A
1. 따라가다   2. 어디든
3. 지저분한 상태   4. 귀찮게 하다
5. 미소 짓다   6. 사람
7. 세상   8. 껴안다

B
1. person   2. smile
3. everywhere   4. mess
5. world   6. hug
7. bother   8. follow

C
Title: My Little Brother
1. brother
2. everywhere
3. mess
4. bothers
5. brings
6. me
7. smiling
8. Person
9. hug
10. world

Unit 7 Bees and Honey | 벌과 벌꿀

벌들은 꽃에서 꽃으로 날아다녀요.
벌들은 하루에 약 5,000송이의 꽃들을 찾아갈 수 있어요.
벌들은 꽃들로부터 꽃꿀을 마셔요.
그들은 그들의 위에 그것을 저장해요.
그들은 그들의 벌집으로 날아가서 그것을 다른 벌들에게 전달해요.
그 꽃꿀은 점차 벌꿀로 변해요.

벌들은 꽃들 주위를 날아다니면서 다른 꽃들에게 꽃가루를 옮겨요.
벌들은 그들의 다리로 꽃가루를 날라요.
이것은 수분이라고 불려요.
수분은 더 많은 꽃들을 만들어요.

Comprehension Check 39쪽

A
1. T 벌들은 하루에 약 5,000송이의 꽃들을 찾아갈 수 있어요.
2. F 벌들은 꽃들로부터 물을 마셔요.
3. F 벌들은 그들의 날개로 꽃가루를 날라요.

B
1. ⓑ 벌들은 그들의 위에 꽃꿀을 저장해요.
　　ⓐ 입　ⓒ 다리　ⓓ 날개
2. ⓐ 벌들은 꽃들 주위를 날아다니면서 꽃가루를 옮겨요.
　　ⓑ 먹는다　ⓒ 청소한다　ⓓ 만든다
3. ⓒ 꽃꿀은 점차 벌꿀로 변해요.
　　ⓐ 꽃　ⓑ 벌　ⓓ 설탕

C
1. ⓐ 벌들은 꽃에서 꽃으로 날아다녀요.
2. ⓒ 수분은 더 많은 꽃들을 만들어요.
3. ⓑ 벌들은 그들의 다리로 꽃가루를 날라요.

Read and Understand 40쪽

1. 꽃에서 꽃으로
2. 하루에

3. 그들은 그것을 저장한다
4. 다른 벌들에게
5. 벌꿀로 변한다
6. 그리고 꽃가루를 옮긴다
7. 그들의 다리로
8. 이것은 불린다

Grammar Point 41쪽

1. 바람이 중국에서 한국으로 분다.
2. 나는 그를 머리부터 발끝까지 쳐다봤다.

Workbook

A
1. 방문하다　2. 저장하다
3. 위, 배　　4. 벌집
5. 전달하다　6. ~로 변하다
7. 벌꿀　　　8. 나르다

B
1. pass　　　2. stomach
3. turn into　4. honey
5. store　　　6. hive
7. visit　　　8. carry

C
Title: Bees and Honey
1. from
2. about
3. nectar
4. stomachs
5. hive
6. into
7. pollen
8. legs
9. called
10. more

Unit 8 A Bear and Two Friends | 곰과 두 친구

이안과 에반은 친구예요.
그들은 숲 속에서 곰을 봐요.
이안은 재빨리 나무에 올라가서 숨어요.
하지만 에반은 나무에 올라가지 못해요.
그는 땅바닥에서 죽은 척해요.
곰은 에반에게 뭔가를 속삭이고 떠나요.

이안은 나무에서 내려와요.
"곰이 뭐라고 말했어?"
"그는 위험에 처한 친구를 두고 가는 사람을 믿지 말라고 내게 말했어."

Comprehension Check 43쪽

A
1. F 그들은 강에서 곰을 봐요.
2. F 이안은 땅에서 죽은 척해요.
3. T 곰은 에반에게 뭔가를 속삭여요.

B
1. ⓑ 이안은 재빨리 나무에 올라가서 숨어요.
   ⓐ 산 ⓒ 곰 ⓓ 건물
2. ⓒ 에반은 땅에서 죽은 척해요.
   ⓐ 게임 ⓑ 음악 ⓓ 축구
3. ⓐ 이안은 위험에 처한 친구를 두고 가요.
   ⓑ 숲 ⓒ 방 ⓓ 동굴

C
1. ⓒ 이안과 에반은 친구예요.
2. ⓐ 이안은 나무에서 내려와요.
3. ⓑ 에반은 나무에 올라가지 못해요.

Read and Understand 44쪽

1. 숲 속에서
2. 나무에 올라간다
3. 에반은 올라가지 못한다
4. 그는 죽은 척한다
5. 뭔가를 속삭인다
6. 이안은 내려온다
7. 곰이 뭐라고 말했어?
8. 사람을 믿지 말라고

Grammar Point 45쪽

1. 우리 아빠는 나에게 거짓말하지 말라고 말씀하신다.
2. 그녀는 나에게 선물을 가져오지 말라고 말했다.

Workbook

A
1. 숲, 나무   2. 빨리
3. 올라가다   4. 숨다
5. 죽은   6. 말했다
7. 믿다   8. 두고 가다

B
1. trust   2. woods
3. dead   4. told
5. quickly   6. climb
7. leave   8. hide

C
Title: A Bear and Two Friends
1. bear
2. quickly
3. climb
4. dead
5. whispers
6. comes
7. What
8. not to trust
9. leaves

Unit 9 Mozart | 모차르트

모차르트는 천재적인 음악가였어요.
그는 다섯 살에 피아노를 연주하는 것과 음악을 작곡하는 것을 시작했어요.
그는 또한 바이올린도 연주할 수 있었어요.

모차르트는 유명한 작곡가였어요.
그는 600곡 이상의 음악을 작곡했어요.
오늘날 사람들은 모차르트의 음악을 아주 많이 좋아해요.
당신은 '반짝반짝 작은 별' 노래를 알고 있나요?
모차르트가 이 노래를 작곡했어요.
이것은 아이들에게 매우 유명한 노래예요.
거의 모든 아이들이 이 노래를 알고 있어요.

4. 유명한 작곡가
5. 사람들은 좋아한다
6. 당신은 알고 있는가?
7. 매우 유명한 노래
8. 거의 모든 아이들이

Comprehension Check 47쪽

A
1. F 모차르트는 15살에 피아노 연주를 시작했어요.
2. T 모차르트는 유명한 작곡가였어요.
3. T 모차르트는 아이들에게 유명한 노래를 작곡했어요.

B
1. ⓒ 모차르트는 천재적인 음악가였어요.
   ⓐ 과학자 ⓑ 작가 ⓓ 스타
2. ⓑ 모차르트는 피아노와 바이올린을 연주할 수 있었어요.
   ⓐ 드럼 ⓒ 트럼펫 ⓓ 기타
3. ⓓ 모차르트는 '반짝반짝 작은 별'을 작곡했어요.
   ⓐ 6,000곡 이상의 음악들 ⓑ 유명한 팝송들
   ⓒ 오직 동요들

C
1. ⓒ 사람들은 모차르트의 음악을 아주 많이 좋아해요.
2. ⓐ 이것은 아이들에게 매우 유명한 노래예요.
3. ⓑ 거의 모든 아이들이 이 노래를 알고 있어요.

Read and Understand 48쪽

1. 천재적인 음악가
2. 다섯 살에
3. 바이올린을 연주한다

Grammar Point 49쪽

1. 그녀는 노래하고 춤추기 시작했다.
2. 학생들은 웃고 얘기하기 시작했다.

Workbook

A
1. 천재   2. 음악가
3. 시작했다 4. 작곡하다
5. 유명한   6. 작곡가
7. 작품   8. 거의

B
1. famous   2. genius
3. musician 4. began
5. compose 6. almost
7. piece   8. composer

C
Title: Mozart
1. musician
2. began
3. and
4. the
5. famous
6. over
7. composed
8. children
9. child

Unit 10 Don't Give Up | 포기하지 마

마이크는 다음 주 일요일 야구 경기가 걱정돼요.
"저는 우리가 우리의 다음 경기를 할 수 있다고 생각하지 않아요." 마이크가 그의 코치에게 말해요.
"루크는 무릎을 다쳤고, 앤디는 심한 감기를 앓고 있어요. 그들은 팀에서 최고의 선수들이에요. 우리 팀은 그들 없이는 질 거예요."

"포기하지 말거라. 우리는 이번 경기를 위해 열심히 연습했다. 나는 우리가 이길 거라고 확신한다!" 그의 코치가 대답해요.

Comprehension Check 51쪽

A
1. F 마이크는 농구 선수예요.
2. T 앤디는 심한 감기에 걸렸어요.
3. T 코치는 경기를 포기하지 않아요.

B
1. ⓓ 루크는 그의 무릎을 다쳤어요.
   ⓐ 팔 ⓑ 손가락 ⓒ 어깨
2. ⓑ 마이크는 루크와 앤디 없이는 그의 팀이 질 거라고 생각해요.
   ⓐ 끝내다 ⓒ 연습하다 ⓓ 이기다
3. ⓒ 마이크의 팀은 이번 경기를 위해 열심히 연습했어요.
   ⓐ 빠르게 ⓑ 쉽게 ⓓ 약간, 조금

C
1. ⓑ 마이크는 야구 경기가 걱정돼요.
2. ⓒ 앤디는 심한 감기를 앓고 있어요.
3. ⓐ 나는 우리가 이길 거라고 확신해요!

Read and Understand 52쪽

1. 야구 경기에 대해
2. 저는 생각하지 않아요
3. 루크는 다쳤어요
4. 심한 감기에 걸려서
5. 그들은 최고의 선수들이에요
6. 그들 없이는

7. 포기하지 말거라
8. 우리가 이길 거라고

Grammar Point 53쪽

1. 나는 그가 너를 좋아한다고 생각한다.
2. 나는 그것이 재미있다고 생각하지 않는다.

Workbook

A
1. 걱정하는 2. 다쳤다
3. 무릎 4. 선수
5. 포기하다 6. 연습하다
7. 열심히 8. 확신하는

B
1. knee 2. hard
3. sure 4. practice
5. worried 6. player
7. hurt 8. give up

C
Title: Don't Give Up
1. about
2. next
3. hurt
4. bed
5. bad
6. players
7. lose
8. up
9. hard
10. win

Unit 11 How Birds Drink Water | 새가 물을 마시는 방법

새들은 살기 위해서 물이 필요해요.
그들은 매일 물을 마셔요.
대부분의 작은 새들은 최소한 하루에 두 번 물을 마셔야 해요.

새들이 어떻게 물을 마시는지 알고 있나요?
그들은 우리처럼 물을 마실까요?
아니요, 그들은 그렇지 않아요.

맨 먼저 새는 자신의 부리를 물속에 담가요.
다음에 새는 자신의 부리를 물로 채워요.
그 다음에 새는 자신의 머리를 뒤로 젖혀요.
마지막으로 그 물은 그것의 목구멍 안으로 들어가요.
이것이 새가 물을 마시는 방법이에요.

3. 어떻게 새들이 물을 마시는지를
4. 우리처럼
5. 새는 자신의 부리를 담근다
6. 자신의 머리를 뒤로
7. 그것의 목구멍 안으로
8. 이것이 ~하는 방법이다

Comprehension Check 57쪽

A
1. T 새들은 매일 물을 마셔요.
2. F 새들은 우리처럼 물을 마셔요.
3. T 새들은 목구멍이 있어요.

B
1. ⓒ 대부분의 작은 새들은 최소한 하루에 두 번 물을 마셔야 해요.
   ⓐ 하루에 세 번 ⓑ 하루에 열두 번 ⓓ 하루에 다섯 번
2. ⓑ 맨 먼저 새는 자신의 부리를 물속에 담가요.
   ⓐ 머리 ⓒ 눈 ⓓ 코
3. ⓐ 마지막으로 그 물은 그것의 목구멍 안으로 들어가요.
   ⓑ 머리 ⓒ 날개 ⓓ 다리

C
1. ⓑ 새들은 살기 위해서 물이 필요해요.
2. ⓐ 새들이 어떻게 물을 마시는지 알고 있나요?
3. ⓒ 새는 자신의 부리를 물로 채워요.

Read and Understand 58쪽

1. 살기 위해서
2. 하루에 두 번

Grammar Point 59쪽

1. 개미들이 어떻게 땅속에 사는지 알고 있나요?
2. 물고기들이 어떻게 물속에서 숨을 쉬는지 알고 있나요?

Workbook

A
1. 두 번   2. 맨 먼저
3. 담그다   4. 채우다
5. 그 다음에   6. 던지다
7. 마지막으로   8. 목구멍

B
1. dip   2. first
3. fill   4. last
5. throw   6. then
7. twice   8. throat

C
Title: How Birds Drink Water
1. live
2. drink
3. twice
4. how
5. like
6. First
7. Next
8. Then
9. its
10. how

Unit 12 The Wizard of Oz | 오즈의 마법사

도로시는 집에 가고 싶어요.
오즈의 마법사는 그녀를 도와줄 수 있어요.
오즈의 마법사는 에메랄드시에 살아요.
도로시와 그녀의 개 토토는 노란색 벽돌 길을 따라가요.

에메랄드시로 가는 길에 도로시는 세 명의 등장인물을 만나요:
뇌가 필요한 허수아비,
심장이 필요한 양철인간,
그리고 용기가 필요한 사자.
그들은 모두 오즈의 마법사를 만나고 싶어 해요.
오즈의 마법사는 그들을 도와줄 수 있어요.

Comprehension Check 61쪽

A
1. T 도로시는 노란색 벽돌 길을 따라가요.
2. F 오즈의 마법사는 사자를 도와줄 수 없어요.
3. T 양철인간은 오즈의 마법사를 만나고 싶어 해요.

B
1. ⓑ 오즈의 마법사는 도로시를 도와줄 수 있어요.
   ⓐ 마녀 ⓒ 사자 ⓓ 양철인간
2. ⓓ 사자는 용기가 필요해요.
   ⓐ 뇌 ⓑ 심장 ⓒ 집
3. ⓐ 토토는 도로시의 개예요.
   ⓑ 허수아비 ⓒ 고양이 ⓓ 사자

C
1. ⓒ 오즈의 마법사는 그들을 도와줄 수 있어요.
2. ⓐ 도로시는 뇌가 필요한 허수아비를 만나요.
3. ⓑ 그들은 모두 오즈의 마법사를 만나고 싶어 해요.

Read and Understand 62쪽

1. 집에 가기를
2. 그녀를 도와줄 수 있다
3. 노란색 벽돌 길을
4. 가는 길에
5. 뇌가 필요한
6. 심장이 필요한
7. 용기가 필요한
8. 그들은 모두 원한다

Grammar Point 63쪽

1. 그들은 더 많은 도움이 필요한 학생들이에요.
2. 그녀는 엄마가 필요한 아기예요.

Workbook

A
1. 마법사
2. 벽돌
3. 도로, 길
4. 등장인물
5. 뇌
6. 깡통
7. 심장, 마음
8. 용기

B
1. wizard
2. brain
3. tin
4. courage
5. heart
6. character
7. brick
8. road

C
Title: The Wizard of Oz
1. home
2. her
3. lives
4. road
5. On
6. brain
7. heart
8. who
9. meet
10. them

Unit 13

Heart and Brain | 심장과 두뇌

당신은 당신의 주소를 어떻게 기억하나요?
당신은 수학 문제를 어떻게 풀 수 있나요?
당신의 뇌는 이러한 일들을 해요.
뇌는 당신의 몸을 통제해요.
우뇌는 음악, 모양, 그리고 색깔에 관해 당신을 도와줘요.
좌뇌는 수학, 논리, 그리고 언어 능력에 관해 당신을 도와줘요.

당신의 심장은 당신 가슴의 왼쪽에 위치해 있어요.
그것은 혈액을 당신의 몸 여기저기로 보내요.
혈액은 산소와 영양소들을 실어 날라요.
그것은 또한 노폐물을 제거해 줘요.

Comprehension Check (65쪽)

A
1. F 당신의 심장은 수학 문제를 풀어요.
2. T 우뇌는 음악에 관해 당신을 도와줘요.
3. T 당신의 심장은 혈액을 당신의 몸 여기저기로 보내요.

B
1. ⓓ 뇌는 당신의 몸을 통제해요.
   ⓐ 심장 ⓑ 혈액 ⓒ 산소
2. ⓑ 좌뇌는 수학, 논리, 그리고 언어 능력에 관해 당신을 도와줘요.
   ⓐ 모양 ⓒ 색깔 ⓓ 음악
3. ⓑ 혈액은 노폐물을 제거해 줘요.
   ⓐ 공기 ⓒ 영양소 ⓓ 산소

C
1. ⓒ 당신은 당신의 주소를 어떻게 기억하나요?
2. ⓐ 당신의 심장은 당신 가슴의 왼쪽에 위치해 있어요.
3. ⓑ 혈액은 산소와 영양소들을 실어 날라요.

Read and Understand (66쪽)

1. 당신은 어떻게 기억하는가?
2. 당신은 어떻게 풀 수 있는가?
3. 뇌는 통제한다
4. 우뇌는
5. 좌뇌는
6. 당신 가슴의
7. 당신 몸 여기저기로
8. 제거해 준다

Grammar Point (67쪽)

1. 나는 네가 숙제하는 것을 도와줄 거야.
2. 그 선생님은 그의 글쓰기를 도와주셨다.

Workbook

A
1. 주소
2. (문제를) 풀다
3. 문제
4. 통제하다
5. ~에 위치하다
6. 가슴
7. 제거하다
8. 노폐물, 쓰레기

B
1. take away
2. address
3. control
4. solve
5. chest
6. waste
7. problem
8. be located in

C
Title: Heart and Brain
1. address
2. problems
3. controls
4. right
5. left
6. with
7. in
8. around
9. carries
10. away

Unit 14 A New Skateboard | 새 스케이트보드

"엄마, 저는 새 스케이트보드를 갖고 싶어요."
"이건 어때? 네가 엄마를 위해 집안일을 하면, 너에게 스티커를 줄게. 네가 스티커 20장을 모으면, 너에게 스케이트보드를 사줄게."

헨리는 매일 집안일을 했어요.
그는 설거지를 하고 집을 청소했어요.
일주일 후, 그는 스티커 20장을 가졌어요.

"잘했다, 헨리. 이 스케이트보드는 네 거야."
헨리는 그가 원하는 것을 얻기 위해 열심히 일했어요.

Comprehension Check (69쪽)

A
1. T 헨리는 새 스케이트보드를 원했어요.
2. F 헨리는 요리를 하고 집을 청소했어요.
3. F 헨리는 생일 선물로 스케이트보드를 받았어요.

B
1. ⓒ 네가 나를 위해 집안일을 하면, 너에게 스티커를 줄게.
   ⓐ 학교 공부 ⓑ 스케이트보드 타기 ⓓ 운동
2. ⓒ 헨리는 스티커 20장을 가졌어요.
   ⓐ 두 개 ⓑ 열두 개 ⓓ 서른 개
3. ⓓ 헨리는 그의 엄마로부터 새 스케이트보드를 받았어요.
   ⓐ 친구 ⓑ 선생님 ⓒ 아빠

C
1. ⓑ 네가 스티커 20장을 모으면, 너에게 스케이트보드를 사줄게.
2. ⓐ 그는 설거지를 하고 집을 청소했어요.
3. ⓒ 헨리는 그가 원하는 것을 얻기 위해 열심히 일했어요.

Read and Understand (70쪽)

1. 네가 집안일을 하면
2. 네가 스티커 20장을 모으면
3. 매일
4. 그는 설거지를 했다
5. 일주일 후
6. 이 스케이트보드는 네 거야
7. 그가 원하는 것을

Grammar Point (71쪽)

1. 내일 비가 오면, 나는 집에 있을 거야.
2. 너는 그 쇼를 놓치면, 후회할 거야.

Workbook

A
1. 스케이트보드 2. 집안일
3. 스티커 4. 20, 스물
5. 설거지하다 6. 청소하다
7. 일주일 8. 후에, 나중에

B
1. clean 2. do the dishes
3. skateboard 4. later
5. week 6. twenty
7. sticker 8. house chores

C
Title: A New Skateboard
1. new
2. How
3. If
4. twenty
5. dishes
6. later
7. done
8. yours
9. what

Unit 15 Facts About Stars | 별에 관한 사실들

당신은 우리 은하에 얼마나 많은 별들이 있는지 알고 있나요?
우리 은하에는 약 2천~4천억 개의 별들이 있어요.

당신은 별들의 나이를 알고 있나요?
그것들은 보통 약 10억~100억 년 정도 되었어요.
그것들은 매우, 매우 오래되었어요.

별은 가스로 된 거대한 공이에요.
먼지와 가스가 함께 섞이고, 이 혼합물은 점점 더 커지고 커져요.
그것이 크고 뜨거워지면, 그것은 별이 돼요.
이래서 별이 가스로 된 거대한 공인 거예요.

Comprehension Check 73쪽

A
1. T 우리 은하에는 많은 별들이 있어요.
2. F 별들은 보통 2천~4천억 년 정도 되었어요.
3. F 별은 바위로 된 거대한 공이에요.

B
1. ⓒ 우리 은하에는 약 2천~4천억 개의 별들이 있어요.
   ⓐ 세상 ⓑ 지구 ⓓ 별
2. ⓑ 별들은 보통 약 10억~100억 년 정도 되었어요.
   ⓐ 년, 살 ⓒ 백 년, 백 살 ⓓ 백만 년, 백만 살
3. ⓓ 먼지와 가스가 함께 섞이고, 이 혼합물은 점점 더 커지고 커져요.
   ⓐ 점점 더 짧은 ⓑ 점점 더 작은 ⓒ 점점 더 긴

C
1. ⓐ 당신은 우리 은하에 얼마나 많은 별들이 있는지 알고 있나요?
2. ⓒ 그것이 크고 뜨거워지면, 그것은 별이 돼요.
3. ⓑ 이래서 별이 가스로 된 거대한 공인 거예요.

Read and Understand 74쪽

1. 얼마나 많은 별들이 있는지
2. 우리 은하에

3. 별들이 몇 살인지
4. 약 10억~100억 년 정도 오래된
5. 가스로 된 거대한 공
6. 먼지와 가스가 함께 섞인다
7. 점점 더 커지고 커진다
8. 그것이 크고 뜨거워지면

Grammar Point 75쪽

1. 이래서 내가 튼튼한 것이다.
2. 이래서 사람들이 무척 졸린 것이다.

Workbook

A
1. 은하계   2. 10억
3. 보통, 대개   4. 거대한; 거인
5. 가스   6. 먼지
7. 섞이다, 섞다 8. ~이 되다

B
1. gas   2. mix
3. billion   4. become
5. dust   6. galaxy
7. giant   8. usually

C
Title: Facts About Stars
1. many
2. billion
3. how
4. usually
5. giant
6. gets
7. becomes
8. why

Unit 16 The Dog and the Shadow | 개와 그림자

개 한 마리가 다리를 건너고 있었어요.
그는 입에 뼈다귀 한 개를 갖고 있었어요.
그는 강을 내려다봤어요.
그는 어떤 개가 입에 뼈다귀를 갖고 있는 것을 봤어요.
"저 뼈다귀도 가질 테다!"
그래서 그는 물속의 개를 향해 짖었어요.
풍덩!
그의 뼈다귀기 강 **속**으로 떨어졌어요.
"오, 내 뼈다귀!" 그는 슬프게 울었어요.
그는 물속의 다른 개가 자신의 그림자라는 것을 몰랐던 거예요.

Comprehension Check — 79쪽

A
1. F 개는 입에 바나나 한 개를 갖고 있었어요.
2. T 개의 뼈다귀가 강 속으로 떨어졌어요.
3. F 개는 다리 위의 개를 향해 짖었어요.

B
1. ⓒ 그는 어떤 개가 입에 뼈다귀를 갖고 있는 것을 봤어요.
   ⓐ 물고기 ⓑ 아기 ⓓ 그림자
2. ⓐ 그는 물속의 개를 향해 짖었어요.
   ⓑ 소리쳤다 ⓒ 말했다 ⓓ 울었다
3. ⓓ 그것은 자신의 그림자였어요.
   ⓐ 뼈다귀 ⓑ 친구 ⓒ 물

C
1. ⓐ 개 한 마리가 다리를 건너고 있었어요.
2. ⓒ 그는 강을 내려다봤어요.
3. ⓑ 저 뼈다귀도 가질 테다!

Read and Understand — 80쪽

1. 개 한 마리가 건너고 있었다
2. 그의 입에
3. 뼈다귀를 갖고 있는 것을
4. 그 개를 향해
5. 그의 뼈다귀가 떨어졌다
6. 그는 슬프게 울었다
7. 그 다른 개가
8. 그림자였다

Grammar Point — 81쪽

1. 헬렌은 렐리가 그녀의 방에서 노래 부르고 있는 것을 봤다.
2. 나는 아이들이 공원에서 야구 하고 있는 것을 봤다.

Workbook

A
1. 건너다 2. 다리
3. 강 4. 봤다
5. 짖다 6. 떨어졌다
7. 슬프게 8. 그림자

B
1. river 2. fell
3. cross 4. saw
5. bark 6. shadow
7. bridge 8. sadly

C
Title: The Dog and the Shadow
1. crossing
2. mouth
3. river
4. carrying
5. want
6. at
7. fell
8. sadly
9. himself

Unit 17 The First Mobile Phone | 최초의 휴대폰

1950년대에 사람들은 휴대폰을 자신의 손에 들고 다닐 수 없었어요.
휴대폰은 자동차 안에 처음 만들어졌어요.
그것들은 자동차들에 연결되었어요.
그것들은 크고 무거웠어요.

최초의 휴대용 휴대폰은 1973년에 만들어졌어요.
그것은 무게가 800그램 이상 나갔어요.
배터리는 약 18분 정도 지속됐어요.
그것은 높이가 약 25센티미터였어요.
그 휴대폰은 매우 비쌌어요.
1984년 미국에서 그것은 3,995달러였어요.

Comprehension Check — 83쪽

A
1. F 최초의 휴대용 휴대폰은 1950년대에 만들어졌어요.
2. T 휴대폰은 자동차 안에 처음 만들어졌어요.
3. F 최초의 휴대용 휴대폰은 무게가 80그램 정도 나갔어요.

B
1. ⓐ 1950년대에 사람들은 휴대폰을 자신의 손에 들고 다닐 수 없었어요.
   ⓑ 1910년대 ⓒ 1960년대 ⓓ 1980년대
2. ⓑ 배터리는 약 18분 정도 지속됐어요.
   ⓐ 8분 ⓒ 80시간 ⓓ 18시간
3. ⓒ 그것은 높이가 약 25센티미터였어요.
   ⓐ 두께 ⓑ 길이 ⓓ 너비

C
1. ⓑ 그것들은 자동차들에 연결되었어요.
2. ⓒ 1984년 미국에서 그것은 3,995달러였어요.
3. ⓐ 최초의 휴대용 휴대폰은 1973년에 만들어졌어요.

Read and Understand — 84쪽

1. 사람들은 가지고 다닐 수 없었다
2. 처음 만들어졌다
3. 크고 무거운
4. 만들어졌다
5. 800그램 이상
6. 배터리는 지속되었다
7. 매우 비싼
8. 미국에서

Grammar Point — 85쪽

1. 그 차는 2010년에 만들어졌다.
2. 그 집들은 나무에 지어졌다.

Workbook

A
1. 휴대폰   2. 지어지다
3. 만들어지다   4. 무게가 나가다
5. 지속되다   6. (시간 단위) 분
7. 비싼   8. (값이) ~이다/였다

B
1. mobile phone   2. cost
3. be built   4. be made
5. minute   6. weigh
7. last   8. expensive

C
Title: The First Mobile Phone
1. their
2. built
3. connected
4. heavy
5. made
6. weighed
7. lasted
8. high
9. expensive
10. cost

Unit 18 Being Honest | 정직하다는 것

제이슨의 엄마는 거실에서 깨진 창문을 발견했어요.
"이런! 창문이 깨졌네!
무슨 일이 있었던 거야? 누가 창문을 깨뜨렸어?"
"모르겠어요, 엄마. 저는 제 방에서 컴퓨터 게임을 하고 있었어요."

제이슨은 계속 게임을 했어요.
하지만 그는 기분이 좋지 않았어요. 결국 그는 사실대로 말했어요.
"죄송해요, 엄마. 제가 거짓말을 했어요. 제가 창문을 깨뜨렸어요."
그의 엄마는 전혀 화를 내지 않았어요. 그녀는 그냥 제이슨을 안아 주었어요.
"정직함은 너를 더 좋은 사람으로 만들어 준단다, 제이슨."

Comprehension Check (87쪽)

A
1. F 제이슨의 엄마는 거실에서 부서진 의자를 발견했어요.
2. F 제이슨은 자신의 방에서 축구를 하고 있었어요.
3. T 제이슨이 창문을 깨뜨렸어요.

B
1. ⓓ 창문이 깨졌어요!
   ⓐ 깨지다 ⓑ 깨지다 ⓒ 깨졌다
2. ⓓ 결국 그는 사실대로 말했어요.
   ⓐ 사실인 ⓑ 거짓말 ⓒ 이야기
3. ⓐ 정직함은 너를 더 좋은 사람으로 만들어 준다.
   ⓑ 명예 ⓒ 나쁜 ⓓ 젊은

C
1. ⓒ 엄마는 거실에서 깨진 창문을 발견했어요.
2. ⓐ 제이슨은 계속 게임을 했어요.
3. ⓑ 엄마는 그냥 제이슨을 안아 주었어요.

Read and Understand (88쪽)

1. 깨진 창문을
2. 창문이 깨졌네!
3. 누가 창문을 깼지?

4. 저는 컴퓨터 게임을 하고 있었어요
5. 계속 게임을 했다
6. 기분이 좋지 않았다
7. 제가 거짓말을 했어요
8. 제이슨을 안아 주었다
9. 너를 더 좋은 사람으로 만들어 준단다

Grammar Point (89쪽)

1. 음악을 듣는 것은 나의 취미이다.
2. 새로운 언어를 배우는 것은 재미있다.

Workbook

A
1. 깨진
2. (일이) 일어나다
3. 결국, 마침내
4. 진실
5. 거짓말
6. 포옹
7. 정직한
8. 더 좋은

B
1. lie
2. truth
3. finally
4. broken
5. hug
6. happen
7. honest
8. better

C
Title: Being Honest
1. broken
2. broke
3. playing
4. playing
5. feel
6. truth
7. lie
8. wasn't
9. hug
10. Being

Unit 19 Thomas Edison | 토마스 에디슨

1847년 2월 11일에 어린 토마스 에디슨이 태어났어요.
그는 매우 호기심이 많은 소년이었어요.
어느 날, 그는 한 달걀 위에 앉았어요.
그는 그 달걀에서 병아리가 나오기를 기다렸어요.

에디슨은 많은 것을 발명했어요.
그는 1,300개 이상의 물건들을 발명했어요.
많은 유명한 발명품들이 있어요.
전구, 축음기, 자동차 배터리, 그리고 영사기가 그의 가장 유명한 발명품들이에요.
에디슨은 유용한 물건들을 많이 만들었어요.

6. 1,300개 이상의 물건들을
7. 많은 유명한 발명품들이
8. 많은 유용한 물건들을

Grammar Point 93쪽

1. 나는 10개 이상의 모자를 가지고 있다.
2. 그녀는 20가지 이상의 요리를 했다.

Comprehension Check 91쪽

A
1. T 토마스 에디슨은 1847년에 태어났어요.
2. F 그는 세 가지만 발명했어요.
3. T 그는 매우 유명한 발명가였어요.

B
1. ⓑ 어린 에디슨은 매우 호기심이 많은 소년이었어요.
   ⓐ 행복한 ⓒ 재미있는 ⓓ 멋진
2. ⓐ 어느 날 그는 한 달걀 위에 앉았어요.
   ⓑ 병아리 ⓒ 전구 ⓓ 자동차
3. ⓓ 그의 유명한 발명품들 중 하나는 전구예요.
   ⓐ 라디오 ⓑ 비행기 ⓒ 자동차

C
1. ⓑ 그는 달걀에서 병아리가 나오기를 기다렸어요.
2. ⓐ 그는 1,300개 이상의 물건들을 발명했어요.
3. ⓒ 에디슨은 유용한 물건들을 많이 만들었어요.

Read and Understand 92쪽

1. 1847년 2월 11일에
2. 매우 호기심이 많은 소년
3. 그는 앉았다
4. 나오기를
5. 에디슨은 발명했다

Workbook

A
1. 2월
2. 태어나다
3. 호기심이 많은
4. 기다리다
5. 병아리
6. 발명하다
7. 발명품
8. 유용한

B
1. curious
2. February
3. chick
4. invent
5. useful
6. wait
7. be born
8. invention

C
Title: Thomas Edison
1. On
2. curious
3. an
4. chick
5. things
6. more
7. are
8. most
9. useful

Unit 20 Jack and the Beanstalk | 잭과 콩나무

잭은 콩나무 줄기의 꼭대기에 이르렀어요.
거기서 그는 아름다운 거대한 성을 봤어요.
잭은 성 안으로 들어갔어요.
거기서 그는 거인이 아침을 먹고 있는 것을 봤어요.
식탁 위에는 금으로 된 암탉과 금으로 된 하프가 있었어요.
"낳아라!"라고 거인이 말했어요.
금으로 된 암탉은 황금알들을 낳았어요.
"노래해라!"라고 거인이 말했어요.
금으로 된 하프가 스스로 아름다운 소리를 내기 시작했어요.
거인이 잠이 든 후, 잭은 암탉과 하프를 둘 다 가져갔어요.

Comprehension Check 95쪽

A
1. T 콩나무 줄기의 꼭대기에는 거대한 성이 있었어요.
2. F 금으로 된 하프가 황금알들을 낳았어요.
3. T 잭은 금으로 된 암탉과 금으로 된 하프를 가져갔어요.

B
1. ⓐ 잭은 콩나무 줄기의 꼭대기에 이르렀어요.
   ⓑ 성 ⓒ 지붕 ⓓ 거인
2. ⓓ 거기서 그는 거인이 아침을 먹고 있는 것을 봤어요.
   ⓐ 저녁 식사 ⓑ 저녁 식사 ⓒ 점심 식사
3. ⓒ 금으로 된 하프가 스스로 아름다운 소리를 내기 시작했어요.
   ⓐ 그들 스스로 ⓑ 내 스스로 ⓓ 너 스스로

C
1. ⓒ 잭은 성 안으로 들어갔어요.
2. ⓑ 금으로 된 암탉은 황금알들을 낳았어요.
3. ⓐ 잭은 암탉과 하프를 둘 다 가져갔어요.

Read and Understand 96쪽

1. 잭은 이르렀다
2. 아름다운 거대한 성을
3. 아침을 먹고 있는
4. 식탁 위에는
5. 황금알들을 낳았다
6. 아름다운 소리를 내는 것을
7. 암탉과 하프를 둘 다

Grammar Point 97쪽

1. 그 건물에는 많은 사람들이 있었다.
2. 그 방에는 피아노가 있었다.

Workbook

A
1. ~에 이르다
2. 꼭대기
3. 아름다운
4. 성
5. 금으로 된
6. 알을 낳다
7. 알을 낳았다
8. 가지고 갔다

B
1. top
2. lay
3. golden
4. reach
5. castle
6. beautiful
7. laid
8. took

C
Title: Jack and the Beanstalk
1. reached
2. castle
3. giant
4. were
5. Lay
6. laid
7. Sing
8. by
9. asleep
10. both

Word Puzzle

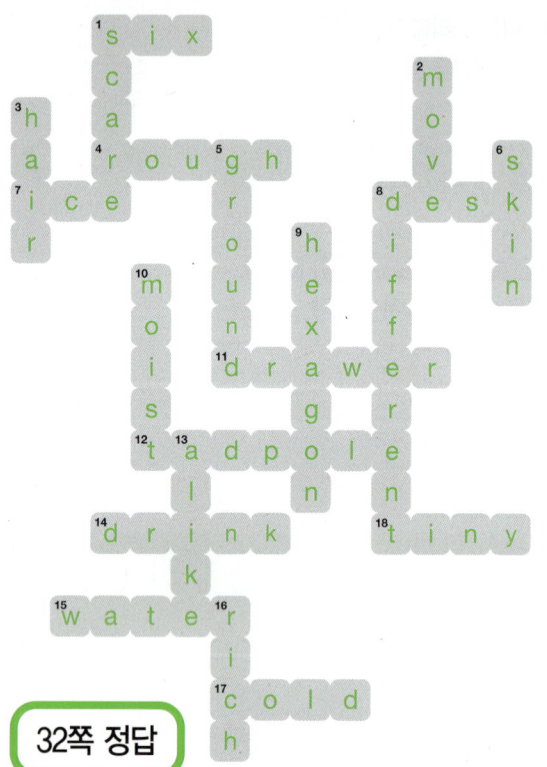

32쪽 정답

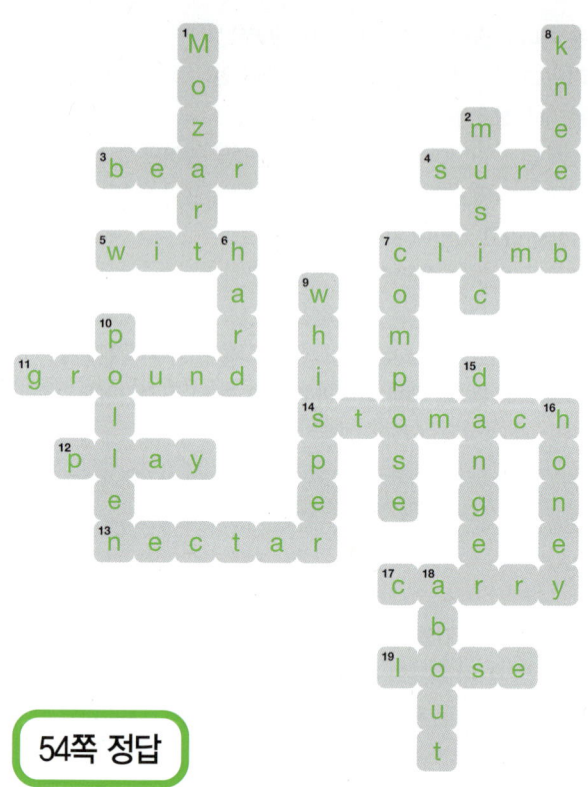

54쪽 정답

76쪽 정답

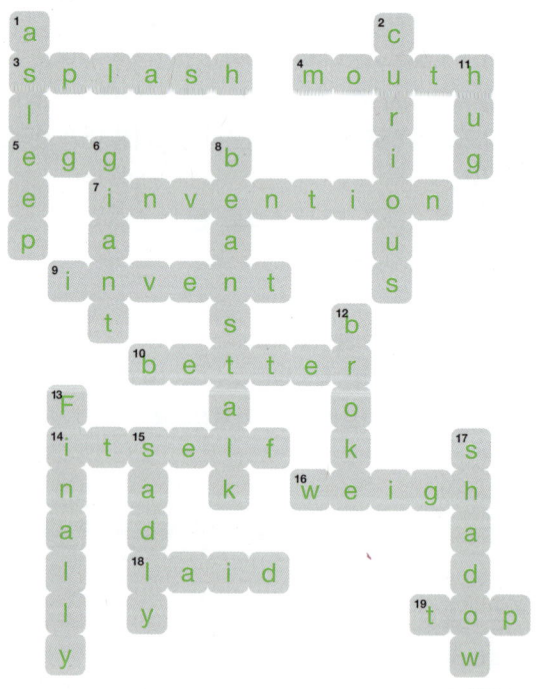

98쪽 정답

끊어 읽기로 빠르고 정확한 독해 완성하기

기적의 직독직해 80 words A

기적의 직독직해 시리즈

80 words A 80 words B

초등 고학년 | Lexile 410~600 | AR 2.3~4.3

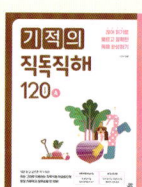

120 words A 120 words B

예비 중학생 | Lexile 610~800 | AR 3.5~5.2

초등 필수 영어 무작정 따라하기

초등 시기에 놓쳐서는 안 될 필수 학습은 바로 영어 교과서!
영어 교과서 5종의 핵심 내용을 쏙쏙 뽑아 한 권으로 압축 정리했습니다.
초등 과정의 필수학습으로 기초를 다져서 중학교 및 상위 학습의 단단한 토대가 되게 합니다.

1~2학년

2~3학년

2~3학년

3학년 이상

4학년 이상

미국교과서 리딩

문제의 차이가 영어 실력의 차이! 논픽션 리딩에 강해지는 《미국교과서 READING》
논픽션 리딩에 가장 좋은 재료인 미국 교과과정의 주제를 담은 지문을 읽고, 독해력과
문제 해결력을 두루 향상시킬 수 있도록 구성한 단계별 리딩 프로그램

LEVEL 1
준비 단계

LEVEL 2
시작 단계

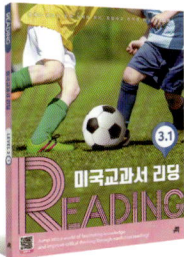
LEVEL 3
정독 연습 단계

LEVEL 4
독해 정확성 향상 단계

LEVEL 5
독해 통합심화 단계